未来をつくる人と組織の経営戦略

はじめに――企業における人材育成の新しいステージが始まった

本書執筆の背景

2020年9月に公開された、いわゆる『人材版伊藤レポート』の発表以降、企業経営における「人的資本経営」の重要性が強調されています。従来、「ヒト」「モノ」「カネ」「情報」という「4大経営資源」の中で、ヒト（人材）は「資源」、すなわち「コスト」として捉えられがちでした。しかし、現在の変化の激しいビジネス環境下では、人材を「資本」、つまり「投資」の対象として考える必要性が浮き彫りになっています。

この変化は、企業に対し、グローバル化の加速、自然災害やパンデミックなどの未曾有の事態への対応を要求しており、経営者にはより高度化・複雑化する要件が求められています。いわゆる「VUCA《ブーカ》（Volatility／変動性、Uncertainty／不確実性、Complexity／複雑性、Ambiguity／曖昧性）」と呼ばれる環境下で冷静な経営判断と実行を行う際には、人材が中心的な役割を担います。不測の事態への対応や生産性の向上も、すべて人材によって達成されるのです。

また、長期的な事業成長を支える次世代の経営者を育成するためには、「選抜」→「育成」→「評価」→「実践」というサイクルが重要です。かつての日本では、ＯＪＴ（On-the-Job Training／職場の上司や先輩が、部下や後輩に対して、実際の仕事を通じて指導し、知識、技術などを身につけさせる教育方法）による人材育成が一般的でしたが、昨今は「ビジネス環境の急速な変化には、これだけでは対応しきれない」との認識が広まっています。しかしながら、組織を率いるリーダー人材を効果的に育てる仕組みを持つ企業は、現時点でまだ多くありません。

さらに、今後のビジネスパーソンに求められる能力を考えると、外部環境の変化にタイムリーに対応する、あるいはそれを先取りして学び続けることが不可欠です。近年、「リスキリング」や「リカレント教育」の重要性が認識されつつありますが、これは従来のビジネスパーソンや企業の学びの姿勢が不十分だったことの反映とも言えます。

２０２３年以降の「ＣｈａｔＧＰＴ」のような生成ＡＩの台頭は、働く人々が新技術を駆使できるようにすることの必要性を示しています。しかし、これらの技術を単に使いこなすだけでは競争上の優位性を生み出すことはできません。たとえば、蒸気機関の出現が産業革命を促して交通と製造業の面で世界を変えたように、また電気の普及が夜間作業や遠隔地への情報伝達を可能にして20世紀の生活様式とビジネスを根本的に変えたように、他社を凌駕《りょうが》するためには、自社独自の人材育成が必要です。それにはデジタル技術の習得だけでなく、経済情勢やライフスタイル、価値観の変化に対応することも必要です。

とりわけ企業の次世代を担うリーダーの育成においては、自社内での取り組みが重要です。これを外部の教育機関などに任せるだけでは、自社にマッチした人材は育ちません。不確実で不連続な未来の変化に対応するためには、自社独自の価値観を体現するリーダーが必要なのです。

また、「優れた戦略」「カリスマ経営者」「恵まれた市場環境」だけで継続的な成功を収めることは難しく、経営チームの集団リーダーシップが求められます。これには「多様性の育成」という地道な取り組みが必要となります。たとえば、女性管理職の育成は、人的資本経営のＫＰＩ（Key Performance Indicator／重要業績評価指標）として注目される領域です。

以上のような背景を踏まえ、本書では企業が自社内に独自のビジネススクール（本書では、「企業内ビジネススクール」と呼称）を創設することを提案します。これを将来のリーダーを育成するための重要な手段として、創設の意義や目的、必要性に加えて、具体的なカリキュラムや教育方法、立ち上げの方法論まで詳細に紹介していきます。

著者について

私、柴田巌が代表取締役社長を務める株式会社Ａｏｂａ－ＢＢＴは、１９９８年に世界的な経営コンサルタントである大前研一によって創業された教育サービスを提供する会社です。創業時の名称は株式会社ビジネス・ブレークスルーでしたが、２０１３年には幼児から高校生までのインターナショナルスクール事業「アオバジャパン・インターナショナルスクール」を新たに開始し、大学生から若手社会人、経営者を対象としたリカレント教育事業とともに成長し続けています。そして、創業25年を迎えた２０２３年10月、これを「第二の創業」と位置づけ、現在の社名に改称しました。

弊社のミッションは、「グローバルに活躍する人材を輩出する」ことです。そして、ビジョンは「Lifetime Empowerment」、つまり「一生涯学び続け、一生涯成長し続ける学《まな》び舎《や》になる」ことです。社会人向けのマネジメント教育を通じて、未来の経営人材の育成に尽力してきました。

私自身の経歴においても、京都大学工学部、同大学院での学位取得から始まり、英国のロンドン・スクール・オブ・エコノミクスで経済学の修士号を、次に米国のノースウェスタン大学ケロッグ経営大学院でＭＢＡ（経営学修士号）を取得しました。その後、アンダーセン・

コンサルティング（現在のアクセンチュア）、ブーズ・アレン・ハミルトン、大前・アンド・アソシエーツでの経営コンサルタントとしての活動を経て、ネットスーパー事業を手がけるベンチャー企業、エブリデイ・ドット・コムを大前研一とともに創業しました。

私がこれらの経験から得た教訓は、単に知識を伝達するだけでなく、実践的なスキルとグローバルな視野を提供することの重要性です。これには、前述した「学校経営」と「大手企業向け人材育成支援」という2つの事業からの学びが含まれます。企業内での人材育成では、外部委託に頼るだけでなく、その企業独自のカルチャーを反映した教育が欠かせません。

なぜなら、次世代のリーダーを育成するためには、「自社の将来に必要な人材像」を明確に定義する必要があるからです。これは、企業の歴史や組織文化、過去の教訓によって大きく異なります。また、人材の成長度合いを評価するアセスメントも、その企業独自のものが必要です。必要な学習カリキュラムは企業ごとに異なり、外部のビジネススクールへの単純な派遣では完結しません。

さらに、社員一人ひとりの個性を活かし、再現性と継続性のある教育システムを構築するとともに、ビジネス環境の変化に柔軟に対応することも重要です。こうした取り組みは、企業内における独自の経営塾や学校のような人材育成の場を設けることによって達成されます。

このアプローチは、弊社が提供する教育サービスの核となっており、私自身の経営者としての経験にも基づいています。

本書の構成

本書は全4章から構成されています。

まず第1章では、昨今標榜される「人的資本経営」の観点から、日本企業におけるこれまでの人材育成を振り返り、次世代の人材育成を社内で行う必要性を説明していきます。章末には、世界的コンサルティングファームであるマッキンゼー・アンド・カンパニーのシニアパートナー・日本代表を務める岩谷直幸氏と、これまで数多くの経営者を輩出してきた同社の人材育成や多種多様な企業の経営をサポートする中で見えてきた人的資本経営のありようについて対談を掲載しました。

次に第2章では、次世代の人材育成を行うための社内教育機関として、「企業内ビジネススクール」の設置を提案します。ここでは従来からある企業内大学（コーポレートユニバーシティ、CU）との違いについても説明していきます。章末には企業内大学を長年にわたり研究してきた第一人者である国立大学法人宇都宮大学の大嶋淳俊教授と、企業内大学の全体像と国内外の事例について対談を掲載しました。

続く第3章では、私たちAoba-BBTがこれまでサクセッションプラン（後継者育成計画）の文脈で支援してきた企業の経験を「企業内ビジネススクールのつくり方」としてまとめました。つくり方のポイントやプロセス、計画から開校までのロードマップ、また、実際にどのような取り組みが行われているのか、2つの企業を取り上げてご紹介しています。

最後の第4章では、実際に企業内大学の運営や次世代の人材育成を実践していらっしゃる企業3社の経営者や責任者の方々との対談を通して、人的資本経営の中核施策として、これからの企業内の人材育成の全体像と具体論について議論を行っています。

まず「M&M'S®」「スニッカーズ®」などのスナック菓子やペットフードを手がける米国を代表する100年企業の日本法人、マース ジャパン リミテッド（Mars Japan Limited）の後藤真一社長に、米国本社の方針に基づく人材育成の仕組みとその中におけるコーポレートユニバーシティの位置づけについて語っていただきました。

次に、IT（情報技術）による多彩なサービスを展開するLINEヤフー株式会社の企業内大学「LINEヤフーアカデミア」の伊藤羊一学長に、参加者である次世代リーダーの選抜方針と育成の中で最も重視して時間をかけているポイントについて語っていただきました。

次に、人口減少をはじめとする事業環境の変化に伴い、苦境が伝えられている地方銀行の中で、DX（デジタルトランスフォーメーション）やフィンテックサービスなど先進的な取り組みを続けている北國フィナンシャルホールディングスの杖村修司社長に、同社が人材育成に舵を大きく切られた背景や方針について語っていただきました。

こうした有識者のみなさまの考え方や各社の取り組みは、私が本書で設置を提案する「企業内ビジネススクール」の姿と１００％合致するものではありません。企業によって歴史やビジョン、それに基づく人材育成ポリシーが異なるのは当然のことです。本書では、地に足をつけて取り組んで成果を出してきた企業を参考例として、１００社あれば１００通りの人材育成の姿があることも読者のみなさまにご理解いただきたいと考えます。

本書で繰り返し強調したいのは、「次世代リーダー育成は、その企業の中の人たちなしにはできない」ということであり、「外部委託だけでできるものではない」ということです。

企業の人材育成戦略は事業戦略と同様、内製と外部調達の両輪が不可欠ですが、外部のプログラムで学ばせるだけでは他社と差別化した人材を輩出することはできません。巷《ちまた》にある育成プログラムやＤＸスクールに社員を派遣するだけでは到底、リーダーは育たないのです。

したがって、企業が真に競争力のあるリーダーを育てるには、内製化のアプローチを強化し、独自の戦略に沿った人材育成を行う必要があります。この過程でＡｏｂａ‐ＢＢＴは、企業内におけるリーダーシップ開発の深化をサポートすることができます。私たちには、企業文化と目標に合わせてカスタマイズされた教育プログラムを提供することにより、企業内ビジネススクールの設立と運営を手助けすることが可能です。
今日、事業の継続性や人的資本の管理がますます重要になっています。この変化の激しい時代において、内部から強力なリーダーを育成することは、企業の持続可能な成長と競争力を支えるカギです。本書が、企業のリーダーシップ開発において有益なガイドとなり、Ａｏｂａ‐ＢＢＴとともに御社固有のリーダーシップ育成プログラムの構築に着手するきっかけとなれば幸いです。

２０２４年４月吉日　株式会社Ａｏｂａ‐ＢＢＴ

代表取締役社長　柴田 巖

未来をつくる人と組織の経営戦略

目次

無形の資産の価値が差別化要因となる
教育が採用力になり、競争力の差になる
組織内の教育や人材育成システムをシステマティックに改善
仕事と学びの境界線が明確でなくなる時代
次世代人材育成は早期化・低年齢化している
「ヒトが育つ仕組み」をつくる

2

「次世代人材の育成」は経営者がコミットすべき時代

競争力の源泉として「ヒト」と「情報」の価値が高まっている
人の価値を引き出すガバナンスによる経営
ガバナンス・コードを具現化し、企業価値を高めるための人材育成
人材の多様性に富んだ組織でなければ歴史は途絶える

従来型研修の課題と限界
外部ビジネススクールへの派遣では埋められない課題
社内教育機関の定義
企業内ビジネススクールの重要性とコーポレートユニバーシティとの差異

2

「誰と学ぶか」「どのように学ぶか」が学習効果を大きく左右する ……… 95

独自の学習プログラムの必要性と設計
教育の多様なアプローチと効果的な手段
学習者の選定と多様な視点の統合
経営チームの新たな役割と人材育成
次世代を託せるのは失敗を学習と捉えて挑み続ける人材
経営者は目指すカルチャーを自社の教育に組み込むべきである

写真／櫻井文也
作図／室井浩明（STUDIO EYES）

第1章

「人的資本経営」の時代に、次世代人材育成が急がれる理由

1 「人的資本」の観点で俯瞰《ふかん》する経営環境の変化

“ヒト”という資源で世界と渡り合ってきた日本の限界

第二次世界大戦終結直後の日本はヒトやモノが枯渇していましたが、やがて戦地や外地、疎開先から人々が戻り、新しい家庭が築かれ、人口がどんどん増えていきました。この人口増加は、戦後復興の基盤となり、労働力としての「ヒト」という資源を最大限に活用することで、日本は世界と渡り合ってきました。

また、経済復興が進んだことで収入が増え、「三種の神器（電気洗濯機、電気冷蔵庫、白黒テレビ）」、さらに需要の掘り起こしによって「新三種の神器（カラーテレビ、自動車、クーラー）」が普及したことは、1960年代の高度経済成長期の象徴的なできごとです。その後も、１９７０年代に二度にわたるオイルショックなど混乱の時期があったものの、日本経済は長きにわたり比較的安定して続いていました。この時期、日本の経済成長モデルは労働集約型から、技術革新と産業の多様化へと移行しつつありました。

１９９１年のバブル崩壊は、これまでの成長モデルの限界を示し、経済は停滞し、「失われた30年間」と呼ばれる長期の低迷期に入りました。この間、日本は人口減少と高齢化という二重の課題に直面し、かつての「ヒト」という資源の活用による成長戦略が持続不可能であることが明らかになりました。

現在、日本は著しい人口減少が続く中で、国内需要の増加は期待できず、多くの企業は海外市場への展開を視野に戦略を立てなければならなくなりました。そのためには、日本語を話す日本人だけによる日本的なやり方では限界があり、グローバルな人材による国際的に通用するビジネスへのシフトが求められています。

日本では経営資源を「ヒト」「モノ」「カネ」「情報」の４つで表現することが一般的です。この中で、ヒトは活用することで初めて資源となることから、「人を最重要の経営資源に位置づける」という意味で、順番がトップになっているとも言われています。

日本は東アジアの辺境にある島国であり、一大産業として成り立つほどの石油やレアメタルなどの天然資源が産出されるわけでもなければ、核兵器などの武力を背景にした発言力を持つわけでもありません。日本にとっては、人こそが唯一と言っていい貴重な資源です。勤勉かつ、細かいところまで目が行き届いたホスピタリティを提供でき、ルールをよく守る。そうした人材を多数有していたことが日本企業の強みになっていたと言えるでしょう。また、それは今後も揺るがないだろうと思います。

しかし、2022年5月に公開された『人材版伊藤レポート2・0』で、伊藤邦雄氏（一橋大学名誉教授）が指摘したように、日本では「企業は人なり」と長く言われ続けながらも、すべての経営者が必ずしも一人ひとりの人材と向き合い、その価値を引き出してきたとは限りません。経営者も従業員も、内需の拡大で成長できていたころの感覚を引きずり、「日本の強み」「人に優しい会社」の意味を誤解したまま、現在に突入してしまったように思います。

日本の労働生産性は依然として低いまま

日本の産業界が直面している課題の中で、とりわけ厳しいのが「労働生産性の低さ」です。もちろん生産性向上の取り組みは各社で進められており、そのことは公益財団法人日本生産

図1 日本の生産性の推移

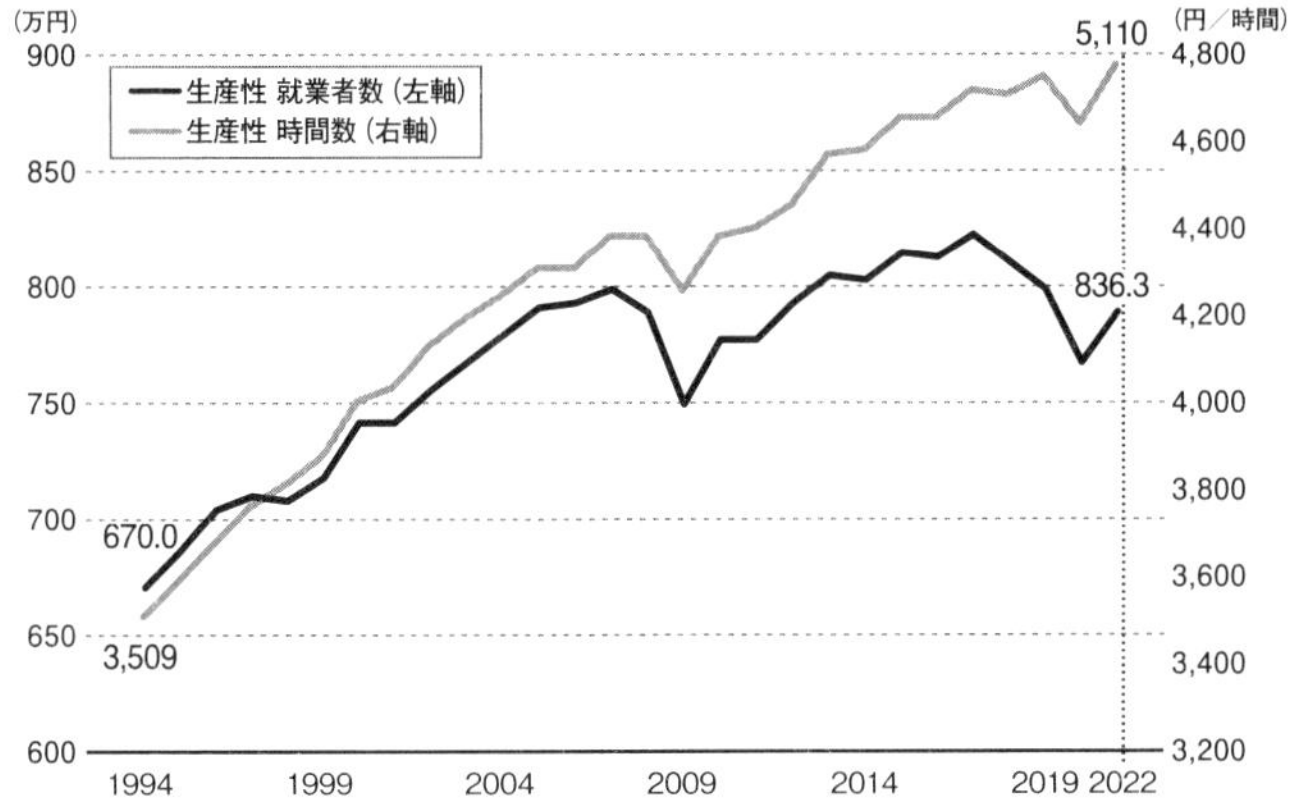

出所：「日本の労働生産性の動向2023」（公益財団法人日本生産性本部）

性本部が公表した『日本の労働生産性の動向2023』でも裏づけられています（図1）。実際、2022年度の日本の時間当たり名目労働生産性（就業1時間当たり付加価値額）は5110円と、1995年度以降の最高を記録しました。実質生産性でも+1・0%となっています。同様に日本の1人当たり名目労働生産性（就業者1人当たり付加価値額）は836万円と、名目ベースで2年連続の上昇、実質生産性で+0・7%でした。

しかし、その一方で、同じく公益財団法人日本生産性本部が公表した『労働生産性の国際比較2023』によると、2022年度の日本の時間当たり労働生産性（就業1時間当たり付加価値）は52・

3ドル（5099円／購買力平均換算、以下同）で、OECD（経済協力開発機構）加盟38カ国中30位であることが明らかになりました（図2）。また、日本の1人当たり労働生産性（就業者1人当たり付加価値）は、ハンガリー、ラトビアといった東欧・バルト海沿岸諸国とほぼ同水準の8万5329ドル（833万円）で、1970年以降で最も低い31位となりました。

また、業種を日本の基幹産業である製造業に限定した数字も紹介しておきます。日本の1人当たり労働生産性（就業者1人当たり付加価値）は2021年に9万4155ドル（1078万円）で、OECD加盟主要34カ国中18位、米国の6割弱、フランスとほぼ同水準でした。2000年にはOECD諸国トップだったのが、2000年代に入って順位が低落し、2015年以降は16〜19位で推移しているのです。

これらのデータから明らかになってくるのは、日本企業は生産性の向上を目指して努力を続けてはいるものの、相対的に高い国際競争力を獲得するまでには至っていないという現実です。人材に関するROI（Return on Investment／投資収益率）が低いと解釈することもできます。

図2 OECD加盟諸国の労働生産性比較

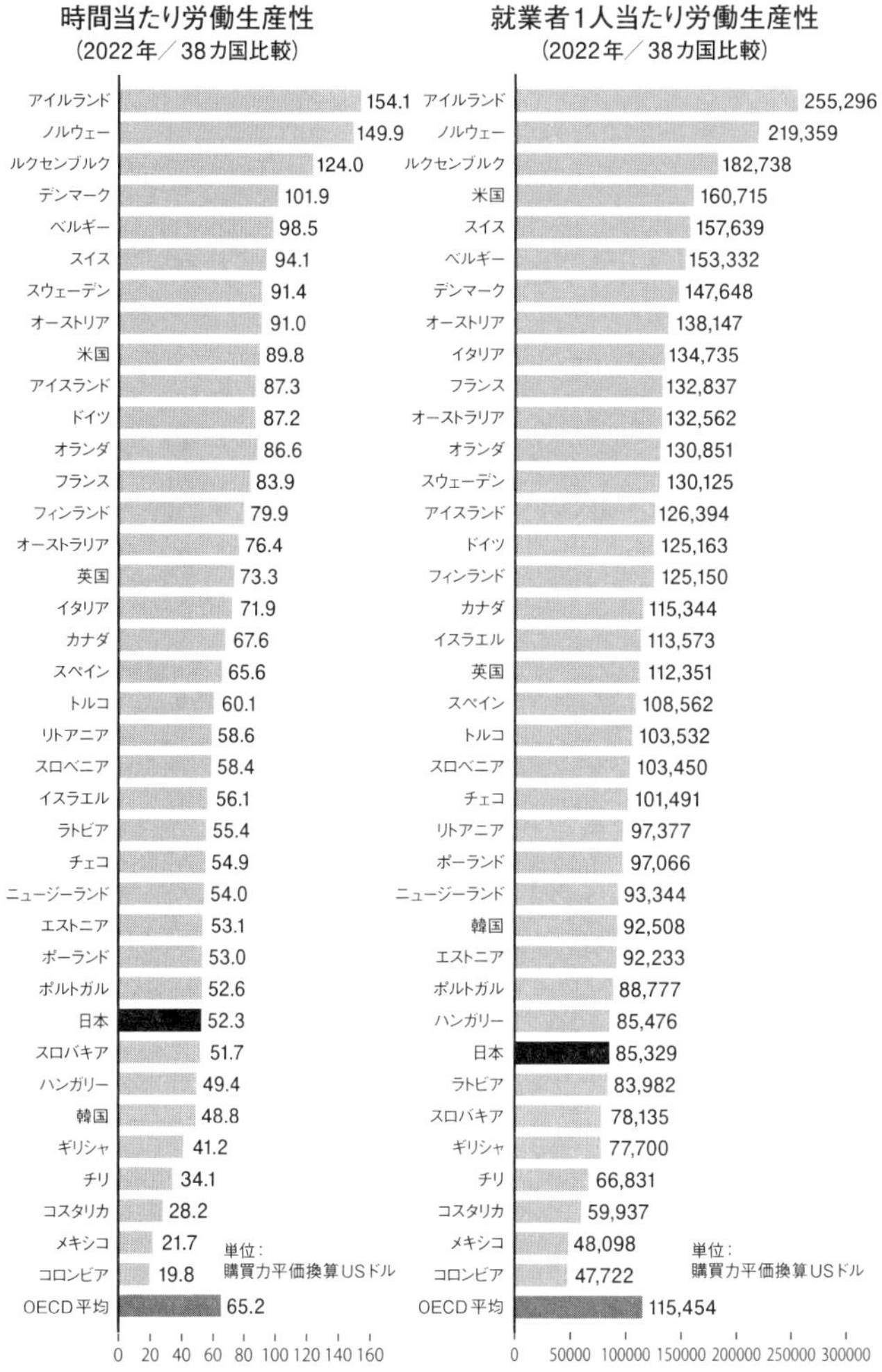
時間当たり労働生産性
(2022年/38カ国比較)
アイルランド 154.1
ノルウェー 149.9
ルクセンブルク 124.0
デンマーク 101.9
ベルギー 98.5
スイス 94.1
スウェーデン 91.4
オーストリア 91.0
米国 89.8
アイスランド 87.3
ドイツ 87.2
オランダ 86.6
フランス 83.9
フィンランド 79.9
オーストラリア 76.4
英国 73.3
イタリア 71.9
カナダ 67.6
スペイン 65.6
トルコ 60.1
リトアニア 58.6
スロベニア 58.4
イスラエル 56.1
ラトビア 55.4
チェコ 54.9
ニュージーランド 54.0
エストニア 53.1
ポーランド 53.0
ポルトガル 52.6
日本 52.3
スロバキア 51.7
ハンガリー 49.4
韓国 48.8
ギリシャ 41.2
チリ 34.1
コスタリカ 28.2
メキシコ 21.7
コロンビア 19.8
OECD平均 65.2
単位:
購買力平価換算USドル
0 20 40 60 80 100 120 140 160
就業者1人当たり労働生産性
(2022年/38カ国比較)
アイルランド 255,296
ノルウェー 219,359
ルクセンブルク 182,738
米国 160,715
スイス 157,639
ベルギー 153,332
デンマーク 147,648
オーストリア 138,147
イタリア 134,735
フランス 132,837
オーストラリア 132,562
オランダ 130,851
スウェーデン 130,125
アイスランド 126,394
ドイツ 125,163
フィンランド 125,150
カナダ 115,344
イスラエル 113,573
英国 112,351
スペイン 108,562
トルコ 103,532
スロベニア 103,450
チェコ 101,491
リトアニア 97,377
ポーランド 97,066
ニュージーランド 93,344
韓国 92,508
エストニア 92,233
ポルトガル 88,777
ハンガリー 85,476
日本 85,329
ラトビア 83,982
スロバキア 78,135
ギリシャ 77,700
チリ 66,831
コスタリカ 59,937
メキシコ 48,098
コロンビア 47,722
OECD平均 115,454
単位:
購買力平価換算USドル
0 50000 100000 150000 200000 250000 300000

出所:「労働生産性の国際比較2023」(公益財団法人日本生産性本部)

働くヒトの生産性向上が企業の存続を分かつ時代へ

労働生産性を向上するには、計算式の分母（従業員数）を少なくし、分子（付加価値額）を大きくする必要があります。

この付加価値額に相当するＧＤＰ（国内総生産）に関して、最近、衝撃的な報道がありました。

２０２４年2月15日に内閣府が発表した２０２３年の日本の名目ＧＤＰの速報値はドル換算で４兆２１０６億ドルと、ドイツに抜かれて世界第4位になったことが明らかになりました。この速報値は名目かつ米ドル建てであるため、近年の資源価格高騰などによるドイツのインフレや、円安ドル高の影響を加味して捉える必要がありますが、ドイツが日本と産業構造が似通ったものづくり中心の国家でありながら、日本と同規模のＧＤＰを日本の約6割程度の８４００万人という人口で生み出していることは事実です。

近年のドイツの経済成長は、移民の受け入れ、自動車産業のＥＶ（電気自動車）転換のような思い切った戦略、「インダストリー４・０」や産学連携といった国や産業界の取り組みが大きく寄与していると考えられます。また、個々の企業でもこうした変化を力に変えていきました。

したがって、日本企業でも自社の意思によって付加価値を高める取り組みを始められるはずです。たとえば、前述した「ヒト」「モノ」「カネ」「情報」の4つの経営資源のうち、モノについてはロボットやAI（人工知能）、デジタル技術などを取り入れたほうが、現在よりはるかに高いリターンを得られる時代に差しかかっており、これらに積極的に投資すべきです。そして仕事を切り分け、人間の努力やエネルギーを人間にしか価値を生み出せない領域に集結させ、残りはAIに任せるのです。

また、ヒトとカネを見直して、競争力の源泉とならない業務においては、外部委託（アウトソーシング）の利用を積極的に検討するようにします。こうした転換もまたヒトが成せる業であり、担う人材の育成が欠かせません。

無形の資産の価値が差別化要因となる

どの企業も競合他社を研究し、研究すればするほど、自分たちよりも優れている競合の製品やオペレーションをコピーしようとします。

その顕著な例が家電量販店のポイントカードです。品揃えも価格もよく似ている同業者との差別化としてポイント制度を設けても、たちまちビジネスモデルをコピーされてしまい、目に見える差がない状況になってしまっています。

形として見えるものをコピーすることが得意で、さらに品質に磨きをかけることで世界と伍してきた日本企業は少なくありません。ところが昨今は、モノそのものだけを売る時代ではなく、モノを通して生まれる満足やウェルビーイング、あるいは購買体験といった価値を売る時代に変わりつつあります。

そうなると企業の投資対象も、自ずと無形のものに変わっていきます。ソフトウェア、知的財産権やノウハウ、人材、人材によって構成される組織の多様性や文化といったものへの投資が重要となるのです。

教育が採用力になり、競争力の差になる

図3 日本の完全失業率、有効求人倍率の推移

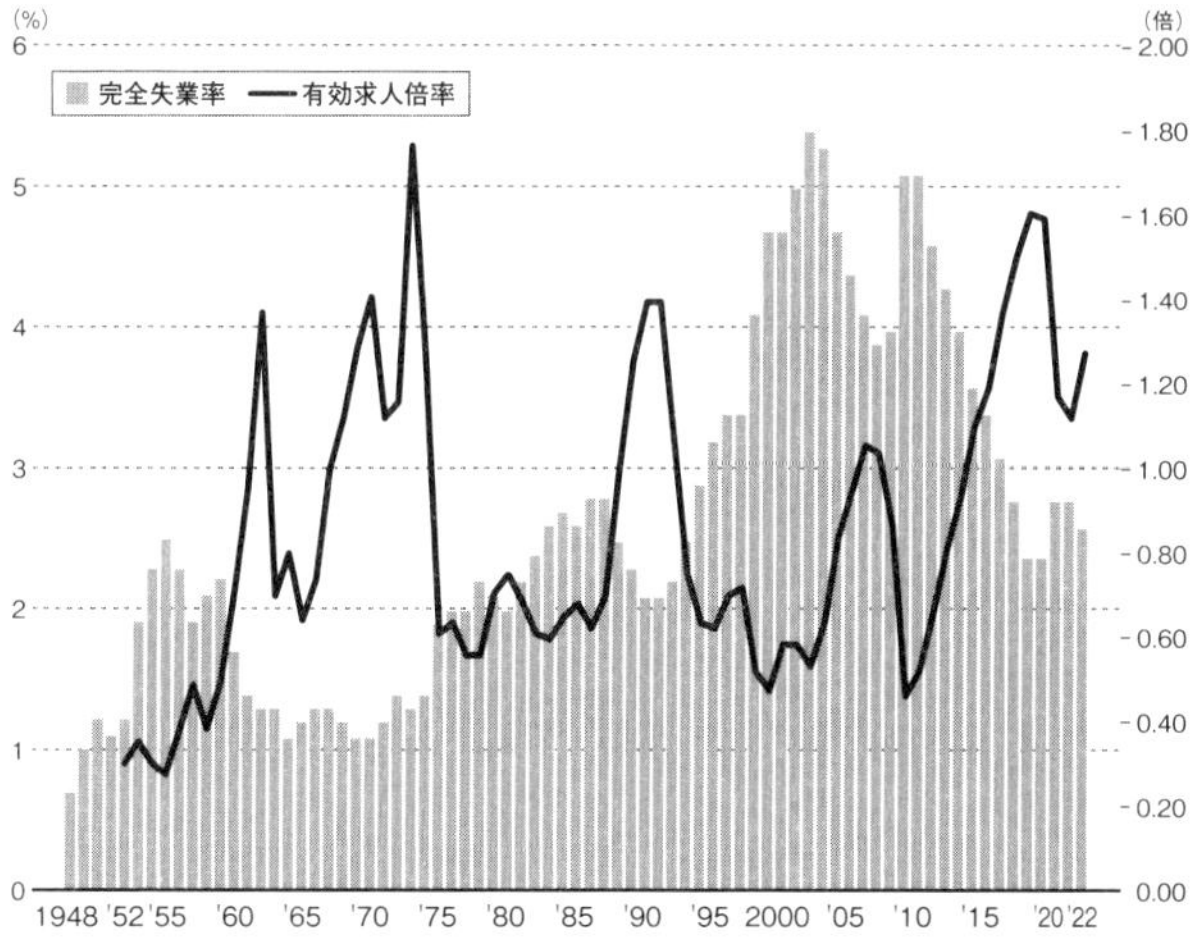

出所：「労働力調査」（総務省）、「職業安定業務統計」（厚生労働省）
注：有効求人倍率の1962以前は学卒（中卒、高卒）の求人、求職が含まれる。

ここまでは「企業の将来を担うリーダー候補となり得る人材が十分に確保できている」という前提でお話を展開してきました。しかし、現実にはそもそも現場の人手不足の解消から取り組まなければならない企業も少なくありません。

バブル崩壊後は長らく「買い手市場」と呼ばれていましたが、日本の有効求人倍率は2003年前後から上昇を続け、リーマン・ショックやコロナ禍などの時期を除いて高い水準となっており（図3）、企業は今や選ばれる側であることをより意識せざるを得ません。

従来の終身雇用や年功序列がいよいよ崩れ、ビジネスパーソンのキャリアの自律が求められる中、優秀な人材に選ばれ

るのは、成長できる環境を提供できる企業です。すなわち人材育成に力を入れている企業こそが、優秀な人材を獲得して組織の力を高め、荒波を乗り越えられる時代となっています。

国内では、新卒および中途採用の双方において、社員の成長機会の提供が重視されるようになってきました。特に若い世代ほど「長く勤め上げる」という価値観が希薄であり、自分の人生を軸に考える中で成長機会に期待しています。料理の世界であれば、若者が修業に行きたいと思うのは多種多様な経験を積める店であって、10年間働いてもシャリすら握らせてもらえないような老舗の寿司店ではないはずです。

また、日本の労働力人口が減少する中では、海外の優秀な人材を引きつける魅力的なキャリアアップの仕組みが重要になっています。これは国内の若い世代の採用にも共通することであり、国内外を問わず人材が成長し続けられる環境の提供が必要です。

組織内の教育や人材育成システムをシステマティックに改善

企業が持続的な成長を達成するためには、単に外部から経営陣候補を採用するだけでは不十分です。内部での人材育成とキャリアパスの明確化が、競争力の向上に不可欠です。このプロセスは、ＰＤＣＡ（Plan-Do-Check-Act）サイクルを通じて実現され、「選抜」→「育成」→「評価」、そして再び「選抜」という連続的な流れを生み出します。このサイクルを確立することで、企業は変化する市場の要求に迅速に対応し、内部のリーダーシップを継続的に発展させることができます。

ＰＤＣＡサイクルが必要な理由は、組織内の教育や人材育成をシステマティックに改善し続けることにあります。これにより、個々の従業員は自身のキャリアパスについて3～5年ごとに成長と目標を明確に設定できるようになります。それぞれの従業員が具体的な目標と将来像を持つことで、モチベーションの向上と業務への積極的な取り組みが促され、結果として企業全体の競争力が高まります。

さらに、現在多くの企業では学歴を重視した採用が行われていますが、実務能力の育成に重点を置くことで、学歴に関係なく能力を発揮できる人材を育成することが可能です。たとえ高卒であっても、企業が提供する教育カリキュラムを通じて優秀な成績を収めることができれば、重要な職務に就くチャンスを得られるようになります。このアプローチは、進学を経済的な理由であきらめた人々に対しても、高度な学習機会を提供することで、組織内のエンゲージメントと総合的な能力向上を促すことができます。

もちろん、報酬の多寡も採用を左右する重要な要素です。「憧れの仕事に就きたい」という意欲があったとしても、できるだけ長く勤めてもらうには報酬面でも応えなければなりません。そのためにも生産性向上は必須で、ヒトの業務をロボットやAI、外部委託に再配分していき、1人当たりの収入を増やせる仕組みにすべきなのです。

仕事と学びの境界線が明確でなくなる時代

さて、求職者から見て魅力的に映る企業の条件がもう一つあります。それは、働く場所と学ぶ場所が、ともにリアルとオンラインのブレンドになっている環境です。

ポストコロナ時代には、仕事と学びの境界線が明確でなくなり、すき間時間で新たなスキルを身につけるような学び方が定着しつつあります。また、雇用システムが「ジョブ型（企業にとって必要なスキル、経験、資格などを持つ人材を、職務内容などを限定して採用する雇用方法）」に転換すると、なおさら個人が個別にキャリアゴールを設定し、それに沿ったキャリアアップの仕組みが求められるようになります。学ぶ場所とタイミングの多彩な組み合わせが可能な企業は歓迎されます。

私はよく、業務と学習を明確に区別せずに連続させて行うことを〝霜降り〟と呼んでいます。仕事を続けながら学習を行うことでインプットとアウトプットを継続的に実行することになり、効果的な学びが得られるのです。

私自身、約5年前に自分の知識や経験が枯渇していることを感じ、過去の経験に頼るだけの生き方を改めたいと考えるようになりました。そこで、自社が提供するオンラインプログラムを利用して英会話の勉強を始め、仕事の合間に30分間のレッスンをインターネットで予約し、フィリピンの講師と事前に設定したシチュエーションでロールプレイを繰り返しました。この過程であまり使っていなかった表現を思い出し、それを最近の取締役会で使ってみたところ、実践的なビジネス英語の感覚を取り戻すことができ、その楽しさから「もっと学びたい」という気持ちが湧きました。このように、絶え間ない学びは、知識をどんどん深めていくものなのです。

次世代人材育成は早期化・低年齢化している

経済産業省や弊社Ａｏｂａ‐ＢＢＴの社内シンクタンクであるＢＢＴ大学総合研究所が実施したアンケート調査結果では、明らかに多くの企業で、将来の経営者候補を選抜し育成するタイミング（社歴）が早期化していることが判明しています（図4）。また、候補者の低年齢化も進んでおり、5年以上若返っている企業も珍しくありません。

このような状況は、成長鈍化から抜け出すためには経営者の若返りが不可欠だと考える企業の切迫感の表れだと考えられます。

次世代人材育成を早期化するには、従来のキャリアパスや育成制度を超える必要があるため、主に欧米企業で採用するファストトラック（特別ルート）で経験を積ませようとする企業も増えています。

私もファストトラックの必要性を強く感じていますが、それは次世代人材にとって、「経営」という経験を早い段階から多く積むことが、何よりの学びとなるからです。未踏領域を進んでいける人材を育てるには、「既存の事業を経営する」「M&Aで傘下となった企業を経営する」「社内スタートアップを起業して経営する」という3種類のいずれかを早い段階で経

図4 将来の経営者候補の選抜・育成開始の早期化を示す調査

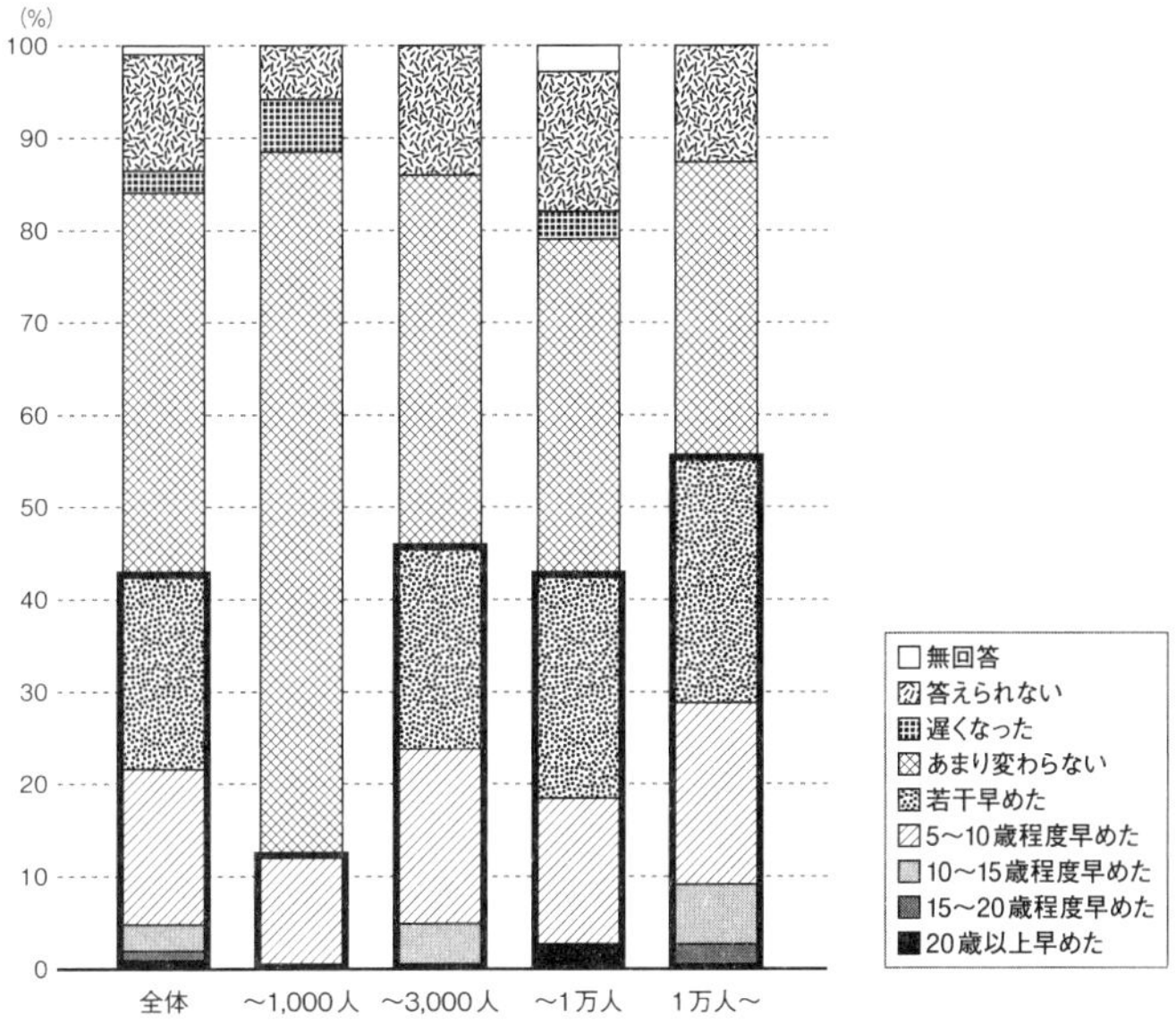

出所：「経営人材に関する調査2017」（経済産業省）

	早期化開始時期	選抜対象者の年齢	選抜対象者の役職
大手電機メーカー	2015年	Before：45～50歳 After：35～45歳	Before：部長 After：課長
大手電機メーカー	2019年	Before：45～50歳 After：35～45歳	Before：部長 After：課長
大手通信業	2023年	Before：45～50歳 After：35～45歳	Before：理事 After：部長、課長、一般職

出所：：Aoba-BBT, Inc.

験するファストトラックを用意するべきでしょう。できればM&Aは自分で案件を発掘し、交渉して買収までこぎ着けた上で、経営して相乗効果を出すまでを経験することが望ましいと言えます。こうしたチャレンジが、リスクをとってでも意思決定できる人材を生み出すのに効果的です。

セミナールーム（=従来型研修）からも優秀な人材は輩出されるでしょうが、現状踏襲型になってしまう危惧があります。行き着く先が崖だとわかっていながらも現状のレール上でしか物事を考えられず、到達を遅くする以外のことができないリーダーであれば、事業継続性の観点では価値がありません。

「ヒトが育つ仕組み」をつくる

個人の集合体が部門であり、その集合体が組織であり、またその集合体が企業です。さらに広げると企業群、そしてコングロマリットや裾野産業といった連合体を形成しています。このようにたどってみると、個人（=人材）が育つ仕組みをつくることが企業群を育てていくことにもつながることが、改めてわかります。

また、「企業に活力を注入する」という観点でも、ヒトを育てる意義があります。外に出ようと思えばいつでも出られる能力を身につけながらも、あえて「自分は残って活躍する」という人材が増えれば、人材同士が刺激を与え合いますし、経営者や人事部門はさらなる魅力の創出に身を引き締めて取り組むはずです。

2 「次世代人材の育成」は経営者がコミットすべき時代

競争力の源泉として「ヒト」と「情報」の価値が高まっている

私は、現代の企業競争力の源泉は、以前よりも「ヒト」と「情報」に大きく依存していると考えています。2000年代に入ると、世界はデジタル化の波に乗り、情報が重要な資源としての地位を確立しました。この変化は、モノやカネが主要な競争要素であった従来の経済構造を変えつつあります。

モノは購入すれば誰でも手に入れることができますし、カネも世界共通の価値を持つものですが、現在ではデジタル化された情報が新たな価値を生み出しています。しかし、この情報一辺倒の時代においても、「ヒト」の価値はますます高まっています。ヒトが生み出す創造性や革新性、人間関係やコミュニケーション能力などは、外部から容易に調達することができず、企業の差別化要因としての重要性を増しています。

財務諸表では直接表現できないものの、「人的資本」は競争力を測る上で不可欠な要素です。資本という概念は、長期的に価値を生み出すものとして捉えられており、人的資本もまた同様です。たとえば、30年間使える設備が製品を生産し続けるように、適切に育成された人材は長期にわたって企業に価値をもたらします。あるいは、不動産が家賃を生み出すように、投資された人的資本も、その知識やスキル、関係性を通じて、継続的な収益やイノベーションを生み出すことができるのです。

したがって、企業はモノやカネのみならず、情報の活用とともに、人的資本に対する投資を重視し、それを経営戦略の中核に据える必要があります。このような視点から、人材の価値を最大限に活かすことが、現代企業にとっての真の競争力となるでしょう。

人の価値を引き出すガバナンスによる経営

経営において、マネジメントは重要な役割を果たしますが、これからの時代ではそれだけでは不十分です。本質的には、ガバナンスによる経営が求められるのです。

従来のマネジメントは、単純に「物事が計画どおりに進んでいるかどうかを管理する」という意味合いが強く、多様性のある現代の組織ではすべてを管理することは各個人のポテンシャルが異なるため不可能です。したがって、マネジメントの形態は、大目標に向かって個々が自己判断し、自律的に動くチームへと変化していくでしょう。

その結果が我々の言うガバナンスなのです。ガバナンスとは、社員一人ひとりに期待する役割を明確に定義し、自律的な行動の範囲を設定することです。これにより、組織は多様性を受け入れ、より大きな共通の価値観や目標に向かって動くことができます。

ガバナンスによる経営は、経営者やリーダーシップチームが次世代へとリーダーシップを継承する仕組みづくりにも注力します。このアプローチは、業務だけでなく、ワーク・ライフ・バランスや自己成長にも焦点を当て、社員は組織のＤＮＡを深く理解し、それに基づいて行動します。

さらに、ガバナンスには国や会社、組織のアイデンティティを深く理解する必要がありま す。これは、外部環境や顧客との関係性など、さまざまな要素に基づき、その場その場で最適な経営判断を下すことを意味します。

第2章で触れる企業内ビジネススクールの必要性も、このガバナンスの視点から説明することができます。世界の歴史やリベラルアーツ、自社の強みや歴史、DNAの共有など、これらはすべてガバナンスを深く理解し実践するための基礎となるからです。

また、経営者や取締役に最も重要とされる価値観も見直す必要があります。彼らはあくまで役割を果たしているだけで、全員が対等な関係でそれぞれの役割を全うしています。このフラットな関係性を構築するには、コンサルティング業界がよい参考になります。コンサルティングファームはプロジェクトごとに異なるチームを編成し、その中で各メンバーは特定の役割と責任を持ち、自律性を基盤とした環境で能力を発揮します。階層構造がフラットであり、情報の共有と意思決定プロセスがスムーズであるため、迅速な対応と適応が可能です。これにより、創造的かつ革新的な解決策を生み出しやすくなります。

世界の歴史を振り返ると、国家もまたガバナンスによって成り立っていることがわかります。ガバナンスに関する知恵を広めることで、人々は自分たちのコミュニティや産業を創造し、国家や文明を繁栄させてきました。中世の大衆文化やルネッサンス、レオナルド・ダ・

ヴィンチの功績も、ガバナンスによる発展の一例です。

企業も、特定のガバナンス・コードに基づいて発展すると考えるなら、人を起点にして独自の文明を築くことが重要です。

ガバナンス・コードを具現化し、企業価値を高めるための人材育成

資本市場の動向を見ると、バブル崩壊後の日経平均株価は、ピーク時の3万8915円から、一時は1万円を下回る水準にまで落ち込んだものの、2024年3月はバブル時を上回る4万円超えの水準まで回復しています（図5）。

このような状況の中、日本円の競争力を維持し、株式市場を活性化させるためには、海外投資家を引きつけることが不可欠です。それには、日本企業の経営ガバナンスをグローバルスタンダードに合わせる必要があり、リーマン・ショック後、政府と証券取引所はコーポレートガバナンス・コードの強化に取り組みました。

コードレートガバナンスとは、企業統治のあり方を指し、社長や取締役会メンバーの選出

図5 日経平均株価の推移

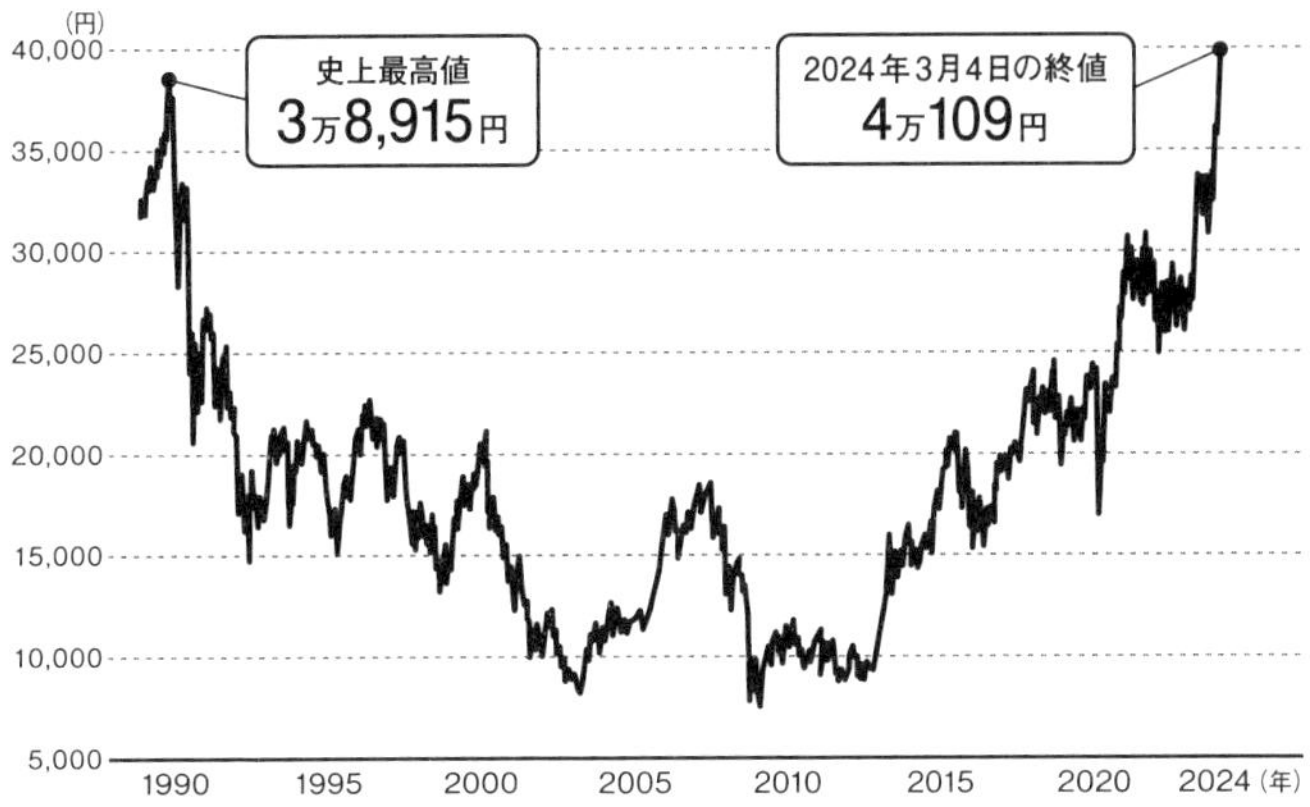

出所：日本経済新聞

と育成の透明なプロセスが重要です。東京証券取引所が取りまとめたコーポレートガバナンス・コードでは、このようなプロセスをステークホルダーに開示し、透明性を高めることが求められます。

この目的を達成するには、経営チーム候補者の母集団の形成から始め、適任者を選出し育成することが必要です。理想的な状態は、このプロセスが世代を超えて循環し続けることです。次世代のリーダーを育成するためには、逆算して母集団を形成し、コーポレートユニバーシティ（企業内大学）などを活用して下層の階層を構築する必要があります。

従来型の階層別研修を深掘りすることは有効ですが、一部の人材のみを外部ビジネススクールに派遣するだけでは、コーポレートガバナンス・コードが目指す状態には必ずしも近づくことができません。人材を底上げし、その延長線上で本部長、執行役、取締役、代表取締役が選ばれる仕組みを構築することが重要です。

企業の価値を高め、従業員の報酬を向上させるためには、コーポレートガバナンス・コードに沿った人材育成がますます重要になります。かつて日本では、株主総会が形式的な「シャンシャン総会」として行われることが多かったですが、現在は透明かつ合理的な経営説明が求められています。これには、運営の戦略や利益目標、実績、株主への還元、株価の動向などが含まれます。

また、従業員にもたらされた報酬と非金銭的価値も明確に報告する必要があります。これは、経験や育成に関するアピールの機会でもあります。したがって、経営トップと人事部門には協力して、効果的な人材育成戦略を設計し実行することが求められます。育成期間は短く、迅速かつ確実な進行が必要です。

人材の多様性に富んだ組織でなければ歴史は途絶える

文化の伝承は、人が入れ替われば入れ替わるほど困難になっていくものです。それだけに次世代リーダー候補が現れなければ、将来は悲観的にならざるを得ません。

一方で、多様な血が入らなければ、企業は長きにわたって存続することができません。日本で懸念されるのは、この「多様性」という点で遅れている企業が多く、歴史的に見て消え失せていく可能性が高いことです。

ここで、生物学の世界から企業経営が得られる教訓を考察してみましょう。自家受粉する花は遺伝的多様性が乏しく、その結果として環境の変化に対する適応能力が低下します。この遺伝的多様性の欠如は、病気や環境条件の変化への耐性が弱くなり、結果的に生存能力が限定されることを意味します。さらに、インブリーディング（近親交配）により遺伝的欠陥が累積し、進化する機会が減少することで、種全体の競争力と生命力が低下する可能性があります。

この自然界の事例は、企業にとっても重要な教訓を提供します。企業も一種の生命体と見なされる場合、多様な遺伝子、つまり多様な人材とアイデアを取り入れることが、組織の長期的な生存と繁栄に不可欠です。多様性が豊かな組織は、変化する市場や技術の進展への適応能力が高く、環境の変化に対するレジリエンスが向上します。したがって、企業が歴史を通じて生き続け、成長し進化するためには、多様な才能と視点を組織内に取り入れ、活用することが重要です。

その一例として、スイスに本社を置くネスレを挙げることができます。スイスは国土面積が日本の九州とほぼ同じで、人口も900万人に満たない小国です。そのため、成長の源泉を国内市場に頼ることができず、グローバル市場への展開が必然となっています。この背景から、ネスレが多様性を重視し、D&I（ダイバーシティ&インクルージョン）の領域において先進企業として評価されているのは自然な結果です。

日本企業もこれから海外へ出ていかざるを得ませんが、多様性を重んじる経営でなければ行き詰まり、結末が変わらないのではないでしょうか。

転職が当たり前の時代に、企業内の教育を充実すべき理由

現在は雇用の流動性が高まり、せっかく手塩にかけて人材を育てたところで、その投資がムダになってしまうかもしれません。転職が当たり前となった時代であるにもかかわらず、これまで以上に充実した育成に取り組む企業が増えてきているのはなぜでしょうか。

以下のような理由が考えられます。

①採用競争力の強化

現代の高い雇用流動性を考えると、優秀な人材を引きつけることが重要です。教育機関としての企業の魅力を高めることで、質の高い人材を採用しやすくなります。特に、若手の人材にとって、学びの機会は大きな魅力となり得ます。採用戦略として、企業は教育プログラムを前面に打ち出すことで、競争力を高めることができるでしょう。

②離職者の抑制

企業が提供する教育機会は、社員のスキルアップやキャリア形成に寄与し、結果として離職率の低下にもつながります。コーポレートユニバーシティは、社員がキャリアを積む上での重要なサポートとなり、職場の満足度を高める一因となり得ます。結果として、企業は離職者を減らし、組織内の知識と経験を維持することが可能になります。

③アルムナイ（企業を退職した人材）ネットワークの拡充

アルムナイネットワークを拡充するには、企業内の教育が鍵を握ります。充実した教育機会を提供することで、社員は企業に対して強い帰属意識を持ち続け、退職後もそのネットワークの一部として関わりを維持する可能性が高まります。

これは、退職者が他企業で経験を積んだ後、改めてもともと所属していた企業に戻る際に新たな視点やスキルをもたらすことにつながり、人材の多様性を促進し、企業のイノベーションに貢献します。強固なアルムナイネットワークは、企業のブランド価値を高めるだけでなく、現役社員のモチベーション向上にも寄与し、組織全体の競争力を高めることにつながります。

④多様性の確保

企業が人材の多様性を重視することで、さまざまなバックグラウンドを持つ人材を受け入れることができます。これにより、異なる視点やアイデアが生まれ、企業の創造性と競争力が向上します。教育プログラムを通じて、多様な文化や経験を持つ人材の成長を促すことは、企業の革新と持続的な成長のために不可欠です。

したがって、キャリアの流動性が高まっている現代において、企業内教育の充実は単なるオプションではなく、必須の戦略と言えます。採用から離職者抑制、アルムナイネットワークの活用、そして人材の多様性の促進に至るまで、教育は企業の競争力を高め、組織の持続可能性を確保する鍵となります。

これらの戦略は、企業が変化する労働市場の中で生き残り、成長を遂げるために、従業員の能力開発とキャリア成長をサポートするための重要な投資であると言えるでしょう。結局のところ、教育への投資は人材の質を高め、企業文化を豊かにし、長期的なビジネスの成功に寄与するのです。

人事部門に求められる新たなる役割

ここまで次世代人材の育成は経営者自らがコミットすべきというお話をしてきましたが、同時に実際に事務局機能を担う人事部にも意識改革が求められます。

従来、日本企業における人事部門は、人材の募集・採用や労務管理などの管理的な業務に焦点を当てていました。これらの業務は、企業の日常運営に必要不可欠なものであり、人事部門の主要な責任領域とされていました。

しかしながら、現代の経営環境では、人事部門には従来の枠を超えた役割が期待されています。この変化は、グローバル競争の激化、技術の進化、働き方の多様化などの影響を受けています。

この新たな役割とは、個々の社員のキャリアパスや能力開発を促進することです。これは、従来の管理業務に加えて、社員の個人的な成長と組織の発展を同時に促す役割を担うことを意味しています。つまり、これは人事部門が企業内ビジネススクールの運営を担うことを意味しています。社員一人ひとりの才能やキャリア志向を深く理解し、彼らに最適なロール（役割）やプロジェクトへの導きを提供することが、人事部門の新たな使命です。

ジョブ型雇用が普及する中で、多様なキャリアを支援する人事部門の役割は、組織内の才能を最大限に活用する上で欠かせません。このような環境では、社員一人ひとりが自らのキャリアを積極的に形成し、組織の成長に貢献することが期待されます。社員の成長を促進するプログラムの選定、キャリアの多様性を重視した人材配置など、人事担当者には新たなチャレンジが求められています。

私たちＡｏｂａ‐ＢＢＴは、まさに企業内ビジネススクールの運営こそが、新しい人事部門の輝かしい領域になると考えています。この取り組みは、組織全体の人材育成戦略を根本から変えるものです。個別化された教育プログラムの導入、経営陣による積極的なガバナンス、そして人材育成における責任の担い手としての人事部門の役割は、これまで以上に重要性を増しています。

教員組織の構築、カリキュラム設計、学習手法の選択といった活動を通じて、人事部門は社員のキャリア開発をサポートし、組織全体の競争力を高めるための戦略的な人材開発の拠点となることが期待されています。このように、人事部門には企業の戦略的なパートナーとして、新たな価値を創造していくことが求められています。

対談

今、「人的資本経営」が求められる理由

マッキンゼー・アンド・カンパニー
シニアパートナー・日本代表

岩谷直幸

Iwatani Naoyuki

1977年生まれ、島根県出身。一橋大学経済学部在学中にテック企業HENNGE創業に関わる。1999年、マッキンゼー・アンド・カンパニーに入社。2006年カーネギーメロン大学経営学大学院(テッパースクールオブビジネス)MBA修了。2021年、同社日本代表に就任。著書に『マッキンゼー　未来をつくる経営』(日本経済新聞出版)。

経営資本のポートフォリオが変わってきた理由

柴田　今、日本でも「人的資本経営」というキーワードが注目されています。その背景や取り組むべき理由について、経営コンサルタントの立場から考えをお聞かせください。

岩谷　人的資本経営が注目されている背景には、いくつかの事象があると思います。

1つ目は、消費者や企業がモノやサービスを購入する際のニーズが大きく変化するのに伴い、経営の複雑性が上がっていることです。一義的には「大量生産、大量消費」の時代から、個々のニーズが非常に複雑化かつ細分化しています。近年話題になっているパーソナライゼーションもそうですが、対象が一般消費者であれば、「個のニーズをどう満たしていくか」というレベルまで、極めてマイクロなことを考えなければなりません。

2つ目は、企業経営におけるステークホルダーの広がりや多様化、複雑化です。現在はステークホルダーの中に、従来の株主以外に、環境問題やESGの分野まで視野に入れなければなりません。

3つ目は、近年のコロナ禍も含めた地政学的な変化が顕著な例ですが、特にグローバル経営においては、20年前には存在しなかったような複雑性があります。

以上の3点から言えるのは、経営の難易度が非常に上がってきているということです。したがって、求められる組織のレベルも自ずと上がってきているのだと思います。

言わずもがなのことですが、人間の知恵や感性といったものが発揮されなければ、こうした状況に対処することは困難です。さまざまなテーマに関して、複合的かつスピーディーに考えなければならないので、人間が経営に与える価値がさらに大きくなっているように感じています。

20年前と現在では、経営者が考えなければならないテーマも大きく変わっています。たとえば、サイバーセキュリティの問題は以前は存在しなかったでしょう。ESGでは、自社が取引しているサプライヤーのサプライチェーン上流まで遡って調べるようなことはなかったはずです。また、労働倫理の観点から、調達上問題ない取引先なのかということも消費者からはあまり話題になっていなかったと思います。

以上のような背景によってCxOはもちろん、組織全体で人財を大切にする時代、もしくは人間の知恵や創意工夫がより求められる時代になっているのだと考えています。

それから、資本との対比でも人財の位置づけが変わっています。

経営資源である「ヒト」「モノ」「カネ」のうち、カネは以前に比べて格段に調達しや

すくなっています。ファイナンスでさまざまなイノベーションが起こって、クラウドファンディングなどの新しい資金調達のかたちが日本でも出てきました。たとえば、昔はよい事業アイデアを持っていても、インキュベートすることは簡単ではなかったと思いますが、現在はよい事業アイデアがあり、かつパッションを持った人たちが集まっているのであれば、資金を集めること自体ははるかに簡単になってきていると思います。モノも同様に、昔に比べてよりアクセス、獲得しやすくなっていると思います。

したがって、本当に経営でカギを握るようになってきたのはヒトで、「人財獲得競争」という言葉に表れているとおりです。企業経営では、ＡＩ人財などのテクノロジー人財を獲得しただけでは不十分で、色々なものを融合することで付加価値を大きく上げて成長を実現し、また省人化・オートメーション化で大きく生産性を高めることも強く求められています。

柴田 昨年、岩谷さんが出版された『マッキンゼー 未来をつくる経営』(日本経済新聞出版)の中でも、人的資本や組織力をどのように配分するかについて、経営の視点でお考えを示されていました。改めてご教示いただけますか。

岩谷 書籍では「包摂性」について触れました。「包摂性の高い社会の構築」というテーマで色々なレポートがありますが、「サステナビリティ(持続可能性)」という点から社会のトレンドを見ていくと、まだまだ人類としてギャップもありますし、特に日本においてはギャップが大きい部分があると思います。

それを変えていくには投資も必要ですし、企業も成長していかなければなりません。日本の特性もあります。それから、デジタルを前提にどの領域で事業経営をするのかというポートフォリオをしっかりつくらなければならない。事業領域の選択を間違えると、どんなに頑張っても従業員のみなさんの汗と涙が成果につながらないことがあり得ます。

そして最後は人であるということで、組織と企業の話につながっていくわけです。「最後は人であり、組織である」という言葉に、真正面から異論を唱える経営者は少ないでしょうが、それぞれの方がお持ちの認識はまちまちではないかと思います。概念として理解されているというレベルの方と、日々時間とアテンションを使って自分ごととして懸命に取り組んで成果を出そうとしている方とでは、すごく差があります。

「人事ってHR（人事部）の仕事でしょう?」というイメージが強い方もいると思います。しかし、経営チームが自分ごととして取り組まなければ全然進んでいきませんし、逆に取り組みを進めること自体が競争優位性につながってくるテーマでもあるのです。実際に成果を出すまでやり切る、インパクトを人財や組織の面でどんどん出していくことが、企業の将来を占うと思います。

リスキリングは役員全員が取り組むべき

柴田　お考えに大変共感します。著書では、DX（デジタルトランスフォーメーション）

に成功している会社とそうでない会社の特徴の一つとして、「テクノロジーに精通しているＣｘＯ以上のレイヤーが７人以上いるかどうかによって、結果が全然違ってくる」というデータが客観的なエビデンスとともに示されていて、私は膝を打ちました。ただ同時に、ＣＥＯ、ＣＯＯ、ＣＦＯとＣｘＯのタイトルを７人分並べていくと、ほぼ全員がテクノロジーに精通していなければならないのかなとも思いました。そうだとすれば、大企業にとってはグッドメッセージかもしれませんが、中小企業にとっては役員全員をテクノロジーに精通している人材に変えるべく、トレーニングしなければならないのでしょうか。

岩谷　経営を担う役割の人々、それから企業に何らかのかたちで所属して働く従業員の方々、生活をしていく上で対価を得るという意味でも、それぞれ求められているものが変わってきています。やはり自分がどのような価値を出すのかが、より問われる時代になってきているのだと思います。

そして必修科目も変わってきています。デジタルやデータは、30年前はごく一部の社員が取り組んでいるイメージだったと思いますが、現在はビジネスパーソン全員が自分でコーディングして何かをつくる必要はないとしても、その技術が経営に何をもたらし得るのかということは理解する必要があり、そのために学ばなければなりません。

現在は、学びの手段としては、書籍以外に動画コンテンツも豊富にありますし、インターネットを検索すればさまざまな情報に触れられます。逆にあふれる情報に圧倒されて戸惑う方もいるでしょうし、「そんなこと、今さら言われてもわからないよ」と心が折れてしまっている人もいるように思います。しかし、このような時代ですから、リスキリングをライフテーマとして継続していかなければなりません。できれば押しつけではなく、自発的かつ意欲的に学んでいける環境を、社会としても企業としても提供することが大切だと思います。

リスキリングは、日本においても「労働の流動性」が高まったことで注目されるようになりました。特にコロナ禍では副業にスポットライトが当たり、自分の才能や知見を特定の企業だけでなく、他のさまざまな企業に役立てることができる世界にもなってきています。一方で、広く色々な知恵を活用することは、企業のみならず社会にとっても意義のあることです。

大胆に妄想できる経営者が減っているのではないか？

柴田　岩谷さんは、これまで日本企業の経営チームに対するアドバイザリー業務などを通して、さまざまな産業を見てこられたと思います。デジタルについてのリテラシーは、「デジタルネイティブ」と呼ばれる世代も含まれる若い人のほうが圧倒的に強いようで、50代後半から60代以上の人たちが大半を占める日本企業の経営チームにデジタルリテラシーを急速に身につけさせるのは、かなりハードルが高いのではないかと思います。それは仕方ないとして、こうした現状に対する会社や経営者の捉え方は、日本企業と他のアジア企業を比較すると異なるものなのでしょうか。

岩谷　もはや「DX」という言葉すら時代の趨勢《すうせい》とともに古くなってきています。なぜなら、DXというとデジタルの活用が特別なことのように聞こえますが、日々の経営の中でデジタルを活用しないという選択肢はもはやありません。すでにデジタルを活用した状態、もしくはデジタルを活用することを大前提に経営をしていかないといけないからです。

デジタルは、柴田さんがおっしゃるようにハードルが上がってきていますし、人によっては向き合い方にも大きく差が出る分野でもあります。海外では、実際にできる・できないは別として、このようなサービスや技術で「世界を席巻してみたい」、「せっかくだったら世の中にないイノベーションを生み出してみたい」といった、妄想や夢のレベルも含めて、非常に突出した志や願望を持った人が多いように感じます。その場合、今のやり方ではそこに到達できないので、新しいやり方を考える。技術も活用して、今のやり方を超えていこうという発想になる。ここに日本で働く多くの人との違いがあると思います。

改善を主体として同じ軸に沿って研ぎ澄ますことは、伝統的に日本の得意科目だったと思いますが、ビジネスの土俵を変えたり製品の発想をガラッと変えたりする能力に関しては、ここ20~30年、日本企業はそのプレゼンスを失ってきています。経営者や経営チームの大胆で妄想とも言えるような願望がなければ、DXに限らずさまざまな変革は進まないと思います。

自分が何をしたくて、自分の企業にはどんなイノベーションが必要なのか考えるだけでも、とても意味があることだと思います。入り口のところで「富士山」を目指すのではなく、やる以上は「世界を席巻する」という志や願望を抱いて、より高い山を目指す人が増えることが大事ではないでしょうか。高い志や強い願望があれば、どうやって登るのかというHOWの部分は、技術について聞ける人は世の中に大勢いるので力を借りればいいし、投資やパートナーシップで乗り越えられることです。

戦略を常にアップデートし続けるためにも多様性が重要

柴田　少し切り口を変えた質問をさせていただきます。現在の企業間競争は、戦略の優劣ではなく、インプリメンテーション（実行・実装）の力によって勝敗や優劣がつく時代に入ったのではないかと考えています。なぜならテクノロジーの発達によって情報を共有できるようになり、しかも情報が全世界を駆け巡るスピードと情報のきめ細かさがこれだけ進化すると、どの会社でもそれなりに優れている戦略がつくりやすくなったからです。そうだとすれば、このモードシフトに対して経営者は、どのような気構えや考え方が必要だとお感じになっていますか。

岩谷　おっしゃるとおりだと思います。革新的な戦略を編み出して競合と差別化することの重要性は今後も変わりないでしょう。ただ、秘匿性の高い情報であっても、書籍やSNS、ウェブサイトなどで公開され、昔のように秘密にしておくことが難しくなっています。

そこで大切になるのが、戦略を常にアップデートすることです。戦略を実行して成果を出し切る過程の中で、うまくいかないことは修正し、うまくいくことを伸ばしていく。学習のサイクルをより速く、よりよくしていく「アジャイル」が、ソフトウェア業界だけでなく、さまざまな産業において本質的に求められていることだと思います。

ただ、特に経営者や経営チームの中には「感度」のばらつきがあります。そこまでのスピードの必要性、もしくは不確実性があっても試して学んでいく力を培う必要性、これらの感度が高い方と低い方が存在します。

私もそうですが、人間にはどこかで「これはきっとうまくいくはずだ」とか「そんなに悪くならないはずだ」というアンコンシャス・バイアス（無意識の偏ったものの見方）がかかっています。特に、過去にうまくいった事業を持つ企業において、その事業が伸びてはいないものの明日すぐ困るわけではない状態だと、危機感がどうしても高まりにくい傾向があります。

このバイアスを破るためには、社外の立場でダメ出ししてくれる、異なる事業の経験やさまざまな国籍やバックグラウンド、観点がある人がいてくれると経営の質はとても上がると思います。また、経営チームに国際性を取り入れるなど多彩なメンバーで経営を司ることも非常に大切です。いい意味で自己否定をする力が、これからの経営には必要なのではないでしょうか。

次世代経営陣の候補者はどのように育成するべきか

柴田 現在の経営陣が次世代の経営陣の候補者を育てていくことが、とても重要になってくると思います。それをどのように実行すればいいのか。ハウツーについて示唆がありましたら、ぜひお聞きしたいと思います。

岩谷 いくつか論点があります。まず、「従業員の能力開発やマインドセットを継続的に向上させていく」という観点では、2つのセグメントで対象者を見ます。

『マッキンゼー　未来をつくる経営』では、近年実施した色々な施策を紹介しているのですが、その中に「2％の人が企業全体の価値創出に大きな影響を及ぼす」というリサーチ結果があります。企業の競争においても、まず傑出した個を創っていくことが大命題だと言えます。

だからといって、残りの98％の人は大事ではないのかというと、もちろんそうではありません。同様に大事です。企業としては、これらの人々が今日よりも明日、明日よりも明後日と常に少しずつスキルやマインドを上げていくように取り組む必要があると思うのです。複利計算の発想で、日々0・5％や0・1％の成長でも、1週間や1カ月で上昇カーブは急になります。まさに「継続は力なり」という格言は正しい。だからセグメントとしては、まず傑出した個を創るということと、組織全体を世の中の変化に合わせて日々向上させていくことの両方が必要なのです。

柴田　日々成長できるように、企業はどのようなカリキュラムを用意するとよいのでしょうか。私たちもオンラインのMBAコースを運営する中で試行錯誤しているので、ぜひ岩谷さんのお考えをお聞きしたいと思います。会計や財務、マーケティング、組織、統計、経済学などのいわゆるハードナレッジと、リーダーシップやフォロワーシップ、チー

ムメンバーシップ、知的好奇心や共感力などのピープルスキル、両方とも大事だと思いますが、今後は後者を自主的に学んでいくモチベーションを植えつけたり提供したりすることの重要性が高まるものなのでしょうか。

岩谷　確信めいたことは言えませんが、私自身がビジネススクールで2年間勉強した経験を振り返ってみると、大学生のときはあまり関心を持てなかった会計や財務にとても魅了されて突き詰めるようになりました。「なるほど、勉強っておもしろいな」と思ったものです。今後もハードスキルの基礎を学ぶことは、足腰を鍛えるためにも必要でしょう。

ただ、これは個人的な予感なのですが、恐らく生成ＡＩがさらに進化を遂げていくと、キーワードを入れただけで必要な情報を検索・抽出して出力してくれることが、生活の場面で増えていくのではないでしょうか。今は財務諸表を作るためには、自分で表計算ソフトに数値を入力して計算していくわけですが、発想を少し変えれば「A社の20XX年のP／L（損益計算書）と比較して差を出してください」と指示をしたら、正確に出力してくれる時代がくると思います。

ツールが今後ものすごく進化していき、個人が具体的に手を動かさなくてもできることが増える。このことを大前提に考えると、重要性が増すのは「質問する力」「好きなことをとことん突き詰める力」です。クリエイティビティの大部分は、何を課題として捉え、どのように物事を考えるかによって変わってくるわけです。それから、まったく異なる事象をつなげて考えるからこそ、おもしろいものが生まれるのでしょう。こうした思考の源泉は、ハードスキルの学習による部分もあるとは思いますが、それよりも純粋に世の中のことに好奇心を持って探求していくとか、個人が達成したい目標値が高くてどんな困難があってもへこたれずに最後までやり抜くとか、そういうドライブする力なのではないでしょうか。そういう力がなくて、ただ情報を得ただけでは、企業経営や個人の付加価値をダイレクトに生み出すことはできないだろうと思うのです。ハードとピープル双方のスキルが必要ですが、後者のウェートが高まっていくのではないでしょうか。

サクセッションプランの早期化がもたらすもの

柴田　続いてサクセッションプランについてお聞きしたいと思います。日本企業が将来を担う経営陣を、一定の再現性を持って選抜し育成していくことが、今求められていると認識しています。よい方法、あるいは参考にすべき事例について、岩谷さんの知見をお聞かせください。

岩谷　私もサクセッションプランは、これからより重要になってくると考えています。そして長い企業経営の歴史の中で、特に日本においては、今ほどサクセッションプランが注目されている時期はないでしょう。これは最近になって、海外企業を中心に取り組み事例が紹介されるようになったことも影響していると思います。

海外企業にお話を聞いていくと、一つのグッドプラクティス、あるいはベストプラクティスは、やはり経営者やリーダー自身が常に企業の継続性担保に日々真剣に取り組んでいるところです。たとえば、新しい部門のリーダーに着任することになった場合、早くも「次の候補者」を探すのが最初のミッションだとする企業もあります。もちろん新しい役割に就いたばかりで、いきなりわかるわけではなく、情報収集の時間もかかるわけですけれども、このミッションが意味していることは、自分の後任は誰に任せるのがいいのかを考える過程で、一定期間の中で自分は何を達成したいのかが、最初に研ぎ澄まされるのだと思います。

こうした海外企業の事例も踏まえると、特に日本企業におけるサクセッションプランやリーダーシップ育成では、前段のマインドセットのところを強化していくことがすごく大切なのではないかと思っています。

昔から使われているWill/Skillマトリックスは、意欲が高い人と低い人、スキルが高い人と低い人で整理するものですが、これからどんどん便利なものが出てくるとなると、まずWill（意思）がなければ何もスタートしません。ですから自分が所属している組織や自分自身が能力を高め、達成したい姿を目指していくWillをどう埋め込んでいくのかがより重要になるのです。

Willが高まると、日々学んで成長し続けてもらいたい98％の人から「こんなことも、やってみたいです」と手が挙がってくるはずなのですが、今のところ全般的な印象としては、さまざまな新しい挑戦をしてみたいという人の絶対数がそもそも少ないように見受けられます。

柴田 なるほど。Willを高めるには外部の講師だけにカリキュラムを委ねるのではなく、現在の経営者や先代の経営者、あるいは先輩たちが、自社が過去にどのような苦労を経て現在に至っているのか、そして未来を担う人たちにどのようなことを託したいと思っているのかを伝えることも、必修科目の中に盛り込むべきでしょうね。

岩谷 そう思います。それらに加えて、新しいプロジェクトで何かを達成した人の言葉で、個人としてうれしかったことについてタウンホールミーティングやニュースレターなどを通して語ってもらうと、すごく意味がある。たとえば「自身の成長を感じた」「家に帰って家族に話せるものができた」といったことがモチベーションになっているかもしれません。心の支えになるものはさまざまですが、そこに着火できると一気にスイッチが入って、どんどん楽しくなる循環に入るような気がしています。このスイッチが入るまでには時間がかかるとはいえ、やる気スイッチが入っている人が絶対数として少ないように思うのです。

日本企業には無形資産が眠っている

柴田　『マッキンゼー　未来をつくる経営』を読んで、人的資本と並んで無形資産をいかにつくるのかが経営のポイントであると理解しました。本書でも触れられていましたが、ソニーは音楽部門が非常に伸びていて、売上高は1兆円を超えています。また、富士フイルムのようにまったく違う会社に生まれ変わった例も出てきています。どのようにして無形資産をつくっていけばよいのか、着目点についてお伺いします。

岩谷　無形資産をどのようにつくっていくかは今後も重要なテーマであり、これもまた「人財」が担う部分です。日本にはどのような強みがあるのかを考えたとき、色々なサービスやおもしろいコンテンツなどが生まれてきていて、ジャパンブランドに対するポジティブなイメージは依然として強い。それは日本人の一人として誇れるものですよね。

強い無形資産をつくり続けていくには、これまでのように日本という国ばかりに目を向けるのではなく、各企業に眠っている価値観を紐解くことが大切なのではないでしょうか。たとえば、微細あるいは詳細に完璧なものをアートとしてつくり上げるようなことも、一つの価値観から生まれる無形資産だと思います。また、これを一定期間やり続ける力というのも、日本企業の中に眠る無形資産の一つでしょう。他社への思いやり、勤勉さや真面目さなど、さまざまな誇れる価値観が日本にはあると感じています。

広く捉えれば、文化を資本にするということであり、その背景にある価値観を企業単位で紐解いて競争優位性の中に使えないかどうかを議論することだと思います。

アルムナイとのコラボレーションが刺激になる

柴田　御社を退職したアルムナイの方々が次々と活躍していることは有名で、その影響力から「マッキンゼー・マフィア」とも呼ばれています。アルムナイの方々とのつながりや、出戻り、クライアントとして関われるのは、かなり建設的なことだと思います。一方で、日本の場合は「辞めた人は他人」という見方がまだ根強くて、人事における投資や教育のハードルになっているようです。御社ではアルムナイの方々とどのような取り組みをしているのでしょうか。

岩谷　弊社で「辞めた人」ではなく「アルムナイ（卒業生）」と定義しているのは、一部は現役生として戻ってきていただくなど、長期的な関係を築きたいと考えているからで、アルムナイとの関係は、日本だけではなくてグローバルでとても大事にしています。

毎週のように頻繁に集まって活動しているわけではありませんが、年に1、2回程度、節目でアルムナイとの交流会を行っています。また、アルムナイに対して仕事の機会をグローバルで発信するコミュニティもありますし、辞めてしばらくして戻ってきた人も少なくありません。ときにはアドバイザー的な立ち位置でプロジェクトに参画していただくこともあります。

このようにさまざまなレベルでアルムナイとコラボレーションをさせていただく中では、色々な刺激を受けています。

柴田　本日は多岐にわたって、さまざまなお話をしていただき、本当にありがとうございました。

対談を終えて

第1章では、世界を代表する経営コンサルティングファーム、マッキンゼー・アンド・カンパニーの日本代表である岩谷直幸様との対談を掲載いたしました。マッキンゼー日本支社は、Aoba-BBTの創業者でもある大前研一によって創業され、企業戦略を描き、経営陣の陣頭指揮を支援することで知られる戦略コンサルティングの分野で、常にフロントランナーとしての地位を確立しています。

この対談では、岩谷代表から、経営トップとして、そして経営トップに緊密にアドバイスする外部プロフェッショナルとして、組織力や人材育成の重要性について深い知見と洞察を得ることができました。

過去には戦略そのものが組織の価値を大きく左右していましたが、「第四の波」と呼ばれるコロナ禍以降のサイバー社会の到来により、単に戦略の優劣だけでは企業価値を築くことが難しくなっています。競合他社も類似の戦略を容易に描けるようになったため、戦略を実行する組織や人材の重要性がより一層高まっています。この傾向は、人的資本経営が注目される背景とも密接に関連しています。

私はこの対談から、経営の複雑性が増す現代において、個々のニーズに対応し、ステークホルダーの多様化や地政学的な変化に適応するためには、組織全体での「人財」の重視が不可欠であることを学びました。

また、リスキリングや持続可能な成長を実現するための新しいリーダーシップと組織力の配分が、現代の経営戦略の核心になっているという理解を深めました。この対談は経営トップにとって重要な学びの場であり、組織と人材の価値を再認識し、競合他社との差別化を図る上で重要な示唆を提供しています。

第2章

次世代人材育成のソリューションとしての「企業内ビジネススクール」

1 なぜ「企業内ビジネススクール」を設置する必要があるのか

従来型研修の課題と限界

私たちＡｏｂａ‐ＢＢＴは、人材育成を生業として２０２３年に創業25周年を迎えました。これまで法人向けにさまざまな研修プログラムを提供してきましたが、需要は景気や世の中の動向によって増えることはあっても、減ることはほとんどありませんでした。

ただし、それが次世代経営人材育成の結果に結びついているかどうかは別の話です。「１日や２日程度の短期間では、特定のテーマを学ぶ研修では目標に到達できていても、それだけでは次世代リーダーを育成することがますます困難な時代になっていることを経営者や人事部門は認識すべきだ」という課題感は募るばかりです。

過去10年を見ると、講師が多数の受講生に向けて講義を行う集合型研修が一般的でした。この形式は、新入社員研修や特定年数の社員研修、管理職研修といった階層別で実施されています。昇進が一律でないため、階層研修は選抜者に限られることもありますが、一般的には階層ごとに行われていました。

これらの研修の内容を総合的に見たとき、体系だった教育になっている事例は少ないのが実情です。また、社員一人ひとりの学ぶ意欲とは関係なしに教育が行われてきた傾向があります。

そして、このような学び方には限界が見え始めています。メソッドとしては必ずしも全員が集まる必要はなく、カリキュラムも受講者全員に一律に適用する内容ではなく、個々に応じたものであるべきです。また、「習熟させる」という観点からは、インプットとアウトプットのバランスを考慮する必要があります。

外部ビジネススクールへの派遣では埋められない課題

従来からある人材育成の手法には、前述した社内研修のほかに、海外を含む外部ビジネススクールへの派遣があります。しかし、経営環境の変化によって、この方法もまた、以下に挙げるような理由で限界にきていると言えます。

1. 他社との差別化が不可能

企業の競争力を高めるためには、単なる職能教育を超えた、その企業固有の経営幹部養成プログラムが不可欠です。伝統的な職能教育は、戦略、マーケティング、会計、財務、組織、人材開発、オペレーションマネジメントなどのハードナレッジとスキルの習得に重点を置きます。加えて、デジタル技術の進展により、ＡＩ、ロボット工学、各種プラットフォームツールの理解も必要とされています。

これらの知識は、企業が市場で生き残るためには絶対に必要です。社外でのネットワーキングや異業種交流は視野を広げるのに役立ちますが、これらは競合他社も同様に取り組んでいるため、単体では企業の差別化を実現するのが難しいです。つまり、これらの教育は「市場に遅れないためのキャッチアップ」という側面が強いのです。

一方、経営幹部候補には、自社の独自性を深く理解し、それに基づいたリーダーシップや戦略を練り上げる能力の育成が求められます。自社の歴史がどのような失敗と成功を経て築き上げられたのか、その教訓を未来の世代にどう伝えるべきかを理解することが重要です。これらの知見は自社のベテラン社員や指導者からしか学べず、外部の教育機関では提供できない情報です。

また、リーダーシップの発揮には、世界の歴史、日本の社会構造、多様性の理解など、広範な知識が必要です。これらのリベラルアーツは、自社を世界の中で位置づけ、適切な戦略を立てる上で不可欠です。

さらに、経営幹部には、自社の「ミッション」「ビジョン」「バリュー」を深く理解し、時にはそれらを自ら新たに創り替え、戦略に落とし込み、実行する能力が求められます。また、社内の同僚と深い絆を築き、彼らを代表して行動することが必要です。これらの能力もまた、外部のビジネススクールでは教えられないものです。

具体例を挙げると、用語の選び方一つにも組織の深いこだわりが反映されており、それを軽視すべきではありません。リーダーシップにおいては言葉の選び方が重要であり、経営者としての生きた言葉から学ぶことが大切です。

たとえば、メディアが短縮形として「原発《げんぱつ》」という表現を用いることと対照的に、原子力を扱う電力会社では、専門性と責任感を示すため略称を避け、「原子力発電所」という正確な用語を使用します。この選択は、電力会社がその技術やエネルギー源に対して持つ真剣な姿勢、専門知識を尊重する価値観、およびその分野における深いコミットメントを反映しています。

同様に、かつて大手通信会社が顧客を「加入者」と呼んだのは、顧客との関係を単なる取引以上のもの、長期的な関与と見なすことを示すものであり、この用語選択は、企業が顧客をサービスの参加者やパートナーとして捉え、信頼関係と相互の責任を重んじる文化やアイデンティティを形成していることを示唆しています。したがって、言葉の選び方は、単に情報を伝える以上の役割を果たし、組織の深い価値観や文化を外部に示す重要な手段となります。

2. 海外ビジネススクールの古今

企業内ビジネススクールの必要性を補足するために、欧米のビジネススクールがかつて果たした役割について振り返っておきます。

欧米のビジネススクール、特に米国では自国を強くすることが何よりの目的であり、米国人が学生全体の4分の3を占めます。残りの4分の1は、世界の経済情勢を踏まえた上で、日本から何名、中国から何名といったように受け入れる留学生数を決めています。これは、米国企業が海外でさらにビジネスを伸ばしていく上で、米国とフレンドリーなフィロソフィーを持っている経営者を増やしていき、広い意味での連合体をつくっていきたいという思惑からでしょう。

そのため、ビジネススクールが限られた数しかなかった時代には、そこで学んだことそのものが差別化になりました。私はシカゴにあるノースウェスタン大学に留学し、1996年にＭＢＡ（経営学修士号）を取得しましたが、当時の日本国内にビジネススクールはほとんどありませんでした。その後、中国が経済的に力をつけるようになり、ハーバードやスタンフォードに中国人留学生が増えた結果、卒業生たちが米国や中国で成功を収めるケースも目立つようになっていきました。ハーバード・ビジネス・スクールを卒業後、ゴールドマン・サックスを経て、中国で配車プラットフォーム「Ｄ・ｉＤ・ｉ（滴滴出行）」を大きく飛躍させた柳青（ジーン・リウ）氏はその典型例でしょう。

では、現在はどうでしょうか。ＭＢＡを取得可能なビジネススクールが増え、そこで得られるマーケティングや経営戦略などの知識も均一化しているため、企業が欧米のビジネススクールに社員を派遣したとしても、大学で身につけたレベルの知識では差別化できず、競争優位には結びつかないのです。

しかも、特に米国のビジネススクールでは学費が高騰しています。私が渡米した1990年代半ばの授業料は年間4万ドルを切っており、当時のレートで400万円弱でした。現在は年間約8万ドルだと聞いて驚いたのですが、さらに為替相場も大きく円安に振れたため、年間1200万円ほどになります。授業料に加えて、現地での生活費もかかりますから、独身者でも年間2000万円以上のコストを企業がまかなうのは、投資対効果を考えれば現実的ではないでしょう。

ここで見方を180度変えて、受講者側の立場で考えてみます。海外ビジネススクールで学ぶには、たとえ企業派遣で費用負担がなく身分の保証があるとしても、現在の仕事を一旦中断して慣れない環境で生活しなければなりません。しかし、企業内ビジネススクールであれば、現在の仕事を続けながら学べる上に、学んだことをすぐ仕事に活かして血肉化しやすいという利点があります。

ちなみに参考情報として、現在の海外ビジネススクールの潮流についても簡単に触れておきます。

まず、HECやロンドンビジネススクール、INSEADなど欧州のビジネススクールがランキング上位に頻出するようになりました。これはビジネススクールの数自体が増えたこと、米国の著名な教授の引き抜き、米国は2年で卒業なのに対して欧州では1年というタイムパフォーマンスの魅力を打ち出した結果です。また、アジアにサテライトキャンパスをつくって学生を獲得したことも要因です。

ビジネススクールではありませんが、アジアやグローバルサウスの大学も学びの選択肢になってきました。実際、シンガポール国立大学（NUS）やインド工科大学（IIT）などの大学院や経営系のマスターコースなどが台頭しています。また、オーストラリアの大学も存在感を高めています。

社内教育機関の定義

このような課題感を背景に、第1章で挙げた経営課題の解決、可能性拡大のための方策として、私たちAoba-BBTが提案するのが、「企業内ビジネススクール」による人材育成です。企業の次世代リーダー育成や社会人の学び直しなどに関わってきた弊社による、実践可能な理想像であるとご理解ください。

これまでも各社が「企業内大学」あるいは「コーポレートユニバーシティ」といった名称で人材育成に取り組んできましたが、私たちが提唱する「企業内ビジネススクール」は、それらを否定するものではありません。企業の文化や目的に応じて、人材育成にはさまざまな形があって然《しか》るべきだと考えているからです。したがって、私たちがこれから展開する「企業内ビジネススクール」の考え方も、どのような組織にも画一的に当てはめられる答えを提示するものではありません。

まずは、企業が運営する社内教育機関の定義を以下のように整理します。本書では「コーポレートユニバーシティ」を広義の定義とし、「企業内ビジネススクール」を狭義の定義として区別します。

広義の定義――コーポレートユニバーシティ（Corporate University／CU）

「コーポレートユニバーシティ」という用語は、欧米の先行研究の中で用いられたことがきっかけの一つとなり、欧米で定着しています。コーポレートユニバーシティの目的は、従業員全体のキャリア開発と専門スキル向上にあります。多岐にわたるプログラムは、組織内での長期的な学習と人材開発を促進し、企業文化の強化やリーダーシップの育成に重点を置いたものです。

コーポレートユニバーシティは、企業の長期的な目標やビジョンに沿って必要とされる知識やスキル、つまり組織全体の戦略的ニーズに対応するためにカスタマイズされた教育を提供します。このアプローチは、組織が目指す方向性に必要なイノベーションやリーダーシップのスキルを育成することを目的としており、そのための教育プログラムは従業員全体に対して、あるいは特定の層の社員に向けて、戦略的に計画されています。

また、教鞭をとる教員組織は、外部講師と社内講師の組み合わせが多様に存在します。

狭義の定義――企業内ビジネススクール（In-house Business School）

企業内ビジネススクールの目的は、おおよそ5～7年以内にCｘO、執行役、事業本部長等に就任する経営幹部候補を育成することにあります。対象者は、数年後の企業経営戦略の実行に貢献することを期待されています。

ここでは、中期経営戦略に基づく人材像、能力、素養の習得に特化しており、現在の経営人材とは異なる能力を持つ人材の育成を目指します。

企業内ビジネススクールでは、経営戦略、マーケティング、財務管理などのビジネス関連スキルに加えて、自社の「ミッション」「ビジョン」「コアバリュー」や歴史的変遷などの企業文化の習得も学習対象とします。さらに、座学やワークショップなどにとどまらず、Ｍ＆

Aに携わるなどの実践的な学習機会を提供します。

本書では、社内教育機関のうち、狭義の定義である「企業内ビジネススクール」に焦点を当てていますが、企業全体あるいは企業群で人的資本への投資を計画する場合、当然ながら広義の定義であるコーポレートユニバーシティも必要です。

まずは、インフラに対する投資と同様に全従業員を対象とした基礎的な教育を施します。義務教育のようなものもあれば、より高いレベルへと引き上げるための教育もあります。

さらに投資を行う上位概念が「企業内ビジネススクール」です。その中でもいくつかの段階を用意し、一定の段階からは「サクセッションプラン（後継者育成計画）」として育成を進めていきます。また、営業系、管理系、技術系など多彩な人材が必要ですので、入り口やルートは一様ではありません。

企業内ビジネススクールの重要性とコーポレートユニバーシティとの差異

企業内ビジネススクールの起源は、1956年に米ゼネラル・エレクトリック（GE）社内に設置された「クロトンビル」とされ、特に米国企業で盛んに取り入れられてきました。これらはコーポレートユニバーシティ（CU）の一形態であり、従業員、顧客、企業関係者への学びの機会を提供する教育機関として機能しています。

コーポレートユニバーシティは企業の理念や戦略を含む全体的な「知識」の管理を目的とし、従業員に知識を吸収させるだけでなく、互いに知識を共有し、新たな知識を生むことも重視しています（図6）。

たとえば、ソニーグループの「ソニーユニバーシティ」は、グローバルリーダー育成を目的としたプログラムを提供し、リーダーシップや経営論を学ぶ場として設立されました。一方で、JR九州の「JR九州アカデミー」は、従業員の自律的な学習をサポートし、個人の課題意識や学習スタイルに合わせた教育を提供することで、個々の成長とキャリアパスの明確化に焦点を当てています。

コーポレートユニバーシティは多様な部署や社会によってその重点が異なるため、そのダイナミックさが特徴です。たとえば、法人研修では主にハードスキルに焦点を当てますが、コーポレートユニバーシティでは法人研修で行われるようなハードスキル教育だけでなく、企業の戦略・理念に対する理解度を深めることに集中しています。

これに対し、私たちが提唱する企業内ビジネススクールは、特定の職能や専門知識の習得、リーダーシップ教育に特化し、より実践的なスキルの獲得を目指しています。

企業内ビジネススクールは、企業内での教育の枠を超え、実務に直結するスキルと知識の習得を促進します。これにより、リーダーシップや特定の業務に必要な専門知識を身につけた従業員は、企業の成長と変革を推進する原動力となります。また、コーポレートユニバーシティと企業内ビジネススクールは、それぞれが従業員のキャリアアップと企業競争力を高める効果があるという点では同じですが、企業内ビジネススクールは、特にＣｘＯや執行役員クラスに登用されることを目指して選抜された人材に、実践的で専門的な学習を提供します。

現代のビジネス環境においては、テクノロジーの進化やパンデミックによるオンライン化の進展により、企業内ビジネススクールのＤＸ（デジタルトランスフォーメーション）化が求められています。このＤＸ化は、特定の選抜人材にとっても有効であり、グローバルに活動し、多忙な実務スケジュールを持つ役員に対して、柔軟な学習機会を提供します。これにより、企業内ビジネススクールは、対象とする選抜人材のニーズに応じて、より個別化された教育体験を実現することができます。

以上をまとめると、企業内ビジネススクールとコーポレートユニバーシティは、それぞれ

図6　コーポレートユニバーシティを持つ企業の一例

企業	コーポレートユニバーシティ
サントリーホールディングス	サントリー大学
NTTドコモ	ドコモアカデミー
KDDI	KDDI DX University
千葉銀行	ちばぎんアカデミー
西精工	企業内大学
ポラスグループ	ポラスアカデミー
ポーラ	ポーラユニバーシティ
損害保険ジャパン	損保ジャパン大学
星野リゾート	麓村塾
東芝デジタルソリューションズ	Toshiba e-University
イオングループ	イオンDNA伝承大学 イオンビジネススクール
ニデック	グローバル経営大学校

出所：『月刊先端教育』2023年8月号、『日本経済新聞』2023年12月20日、各社プレスリリース等

異なる役割と目的を持ちながら、企業の発展と従業員の成長に寄与する重要な教育システムです。企業内ビジネススクールは、より実践的で専門的な学習を提供し、従業員の具体的なスキル向上とキャリア開発を促進します。一方で、コーポレートユニバーシティはより幅広い知識の共有と新たな戦略の創出を目指しています。両者の組み合わせにより、企業は内外の変化に対応し、持続可能な成長を実現できるのです。

2 「誰と学ぶか」「どのように学ぶか」が学習効果を大きく左右する

独自の学習プログラムの必要性と設計

現代のビジネス環境では、企業が直面する課題はますます複雑化しており、これらに対応するためには一律・公平な教育プログラムでは不十分です。変革や創造を期待する企業においては、自社独自の事情に合わせてカスタマイズされた学びが不可欠です。

国内および国外のビジネススクールで提供される標準化されたカリキュラムでは、他社の経営幹部候補と同様の知識しか得られず、自社固有の文化、価値観、競合状況を踏まえた戦略立案には至りません。このため、学習の内容と受講者が誰と学ぶかを慎重に考え、外部の教員・講師と内部の教員・講師を目的や適性に合わせて最適に組み合わせる必要があります。

教育の多様なアプローチと効果的な手段

カリキュラムポリシー（教育課程方針）とファカルティ・ディベロップメント（教員・講師開発）の2つの概念は、効果的な教育を実現するために密接に連携されるべきです。

社外講師からは会計や財務、マーケティングなどのハードスキルを学び、社内講師からは自社固有の戦略や文化に関する知識を深めることが推奨されます。教育手段としては、映像講義やオンラインツール（Zoom や Teams など）を利用したライブ講義、対面ディスカッションなどを効率的かつ効果的に使い分けることが重要です。

これにより、カリキュラムに応じて柔軟に最適な講師を選定し、学習者にとって最も有益な学びを提供することができます。

学習者の選定と多様な視点の統合

企業内ビジネススクールでは、学びの対象者を慎重に選定し、より広範な対象者が学ぶコーポレートユニバーシティの受講生からノミネートするなど、学びのピラミッドストラクチャーを構築することが求められます。

また、他流試合や越境学習の推奨により、異なる産業や企業の人材と交流することで、新たな視点やアイデアを学び取ることができます。これは、外部環境に照らして自社の戦略を再考し、経営チームの評価やベンチマークを絶えず行うために不可欠です。

経営チームの新たな役割と人材育成

今後の経営チームは、ガバナンスによる経営を進め、外部環境や競合との関係が変わりゆく中で柔軟に戦略を考え、実行に移すことが求められます。ルールを乗りこなす人材とともに、革新的な思考で新たな勝利の法則を築く戦略を創造する人材の育成が重要です。

特にデジタル、ＡＩ、ＤＸ、ＧＸ（グリーントランスフォーメーション）などの新しい競争の舞台においては、伝統的なビジネスモデルや戦略が通用しないため、新しいルールやプレイブックが必要とされます。このような状況では、規則に固執するのではなく、変化する市場のニーズに合わせて新しい戦略や勝利の法則を創出できる人材が企業にとって不可欠です。このためには、ビジョンやミッション、価値観に基づくリーダーシップの育成が求められます。

次世代を託せるのは失敗を学習と捉えて挑み続ける人材

カリキュラムの設計においては、ＯＪＴとＯＦＦ‐ＪＴを組み合わせ、その中には「失敗する」という学習体験も積極的に盛り込む必要があります。ただし、成功した人だけでなく、成功しなかった人もまた活躍できるような設計にすることが重要です。これからの時代に経営を託すべきは、減点の少なかった人材ではなく、失敗を学習と捉えて挑み続ける人材です。

これは私自身の経験からも言えることです。１９９８年にネットスーパーを起業しましたが、同業他社に成功事例がなく、参考にしたところで赤字になるのは明らかでした。そこで自分なりに考えてトライを繰り返すのですが、大半はうまくいきませんでした。その過程では、まず「失敗を恐れない」ということ、そして「失敗を恐れずに挑戦する」こと、さらに「失敗した経験を将来に活かす」ことを身をもって学びました。

道なき道を行くときには必ずこのようなプロセスをたどりますから、新規事業を起こすときも赤字の事業を立て直すときも、あるいはM＆Aや海外市場への進出など、前提条件を大きく覆《くつがえ》す際には、大いに役立ちました。その後、私はAoba-BBTで新たな市場を開拓し、M＆Aや海外展開を進めてきました。学校経営を立て直すための助言も求められます。かつての失敗経験が、こうした実績につながっているのです。

次世代リーダーたちに経験させられる失敗は、企業の状況によって異なりますが、たとえばアクセラレータプログラムやインキュベーションプログラム、ブートキャンプといった社内新規事業のプログラムを企業内ビジネススクールの中に組み込むのも一つの方法でしょう。

プログラムを通して成功する社内ベンチャーが出て大きく育ち、未来の収益の柱になるケースは、恐らく1000のうち1つか2つです。このとき、残りを単なる失敗例として整理するのではなく、むしろ失敗の経験のほうが将来の価値であると捉えてください。なまじっか成功した事例のほうが、成功要因の振り返りがおろそかになりやすく、人材育成としてはマイナスかもしれないのです。

それ以外で失敗を経験させるなら、一般的な昇進のスピードの2倍速で昇進させて、一世代上の仕事を担当してもらいます。当然、知識やスキル、経験が追いついていないため、いろいろな壁に当たります。

また、Ｍ＆Ａで買収した先に送り込み、自分の作法がまったく通用しない環境で経営させるのも手でしょう。失敗をさせるための舞台は、いろいろと用意することができます。

現在の世の中を見回してみると、子どもから大人（社会人）へ成長する過程で、小さな失敗を経験しないまま年を重ねている人が多いように思います。擦り傷を負いそうでもすぐ癒《い》えることを知っているからこそ、あるいは骨折しても1カ月で治った経験があるからこそ、命を落とさない挑戦がわかるのです。まったく経験しないまま大人になると、二度と起き上がれない失敗をしてしまう可能性もあって危険です。

また、失敗の経験のない上司では、挑戦の提案に適切なフィードバックができず、挑戦できない組織の連鎖が発生してしまいます。

経営者は目指すカルチャーを自社の教育に組み込むべきである

製造業であれば、自動車や食品といった商品の中に企業の価値観やフィロソフィーなどを込めています。それを生産するには、工場にも価値観やフィロソフィーが浸透している必要があります。

人材が戦略の一つの切り口なのであれば、人材を輩出していく社内教育機関には、製造業における工場と同じような役割があると考えられます。私たちが提唱する企業内ビジネススクールや一般的な意味でのコーポレートユニバーシティは、企業が目指すべきカルチャーや戦略を反映した学びの場所になっていることが重要なのです。

たとえば、自由闊達《かったつ》に意見を言えるカルチャーを目指すのであれば、そのカラーで教室の中を彩り、現場でも立場や年功序列をわきまえずに振る舞えるようにするのです。

これを実現するには、企業内ビジネススクールやコーポレートユニバーシティの学長が、経営戦略を理解した上で、スクールカラーを埋め込んだ、働きながら学べる環境を用意することが必要です。そして、学び舎で得た文化的な背景や物の考え方、発言の仕方、人との関係性を職場でも実践できるようにしていきます。

企業がカルチャーを変えたいなら、人材を変えます。人材を変えるには学ぶ場所のカルチャーを変えるのです。

対極にあるのが新入社員研修や階層別研修といった、画一的かつ繰り返しのない教育です。

これでは、みんなと同じようにすればよいのだと洗脳できても、カルチャーを変えるまでの力を持ちません。

カルチャーを変えるために人材を変えるなら、新卒一括採用も含めてキャリアパスの見直しも必要でしょう。年功序列で終身雇用制、しかも経営環境が大きく変わらない時代であれば、まずは現場に配属されてさまざまな下積みを経て経営者になったとき、昔の古くさい知見でも役立つものでした。ところが、現在は数年前の常識が通用しない時代に入りました。役員になる手前の登竜門として企業内ビジネススクールがあれば、門前に立つまでのキャリアパスを柔軟に設計できるため、新入社員から上がってくる人もいれば、他業界から転職して途中から歩んでくる人もいます。

グループ会社を有する企業体であれば、マルチパスで企業内ビジネススクールへの道を用意することで、人材交流が活発化し、化学反応を持ち帰って経営に活かすような効果も期待できます。

いわゆるゼロイチの発想をするには、ひらめきを待つばかりでなく、膨大な事例を知ることも方法の一つです。たとえば、ラーメンなら、世界中の麺料理を膨大に知っていて、その中から一般人には思いつかないような組み合わせで新しいレシピを考案できるようなイメージです。これは座学の一方的なインプットだけでは難しく、実際に集まってフィールドワークや事例研究、ディスカッションなどを組み合わせて他社と学ぶ機会を持つのが有効だと考えています。

なお、経営チーム一代では変えられないカルチャーもあるでしょう。人間の手から水かきが消え、尻尾もなくなるまでの間、生活環境が変わってから何世代もＤＮＡを受け継いできました。企業のカルチャー変革はそれほど長期間を要さないとはいえ、将来の経営チームに託すつもりで、企業内ビジネススクールで受け継いでいける能力を備えさせバトンタッチしていくことが必要なのです。

3 生涯学び続けなくてはならない時代の人材育成のポイント

経営知識の教育は若手時代から連続的に実施する

経営に必要な戦略、財務、会計、マーケティング、組織、人事、法務といった知識は、特にベーシックな部分は誰から学んでも同じで、国内のビジネススクールや弊社の提供するeラーニングコンテンツで学ぶことができます。いわゆる左脳的な学びです。

しかし、実務での問題解決にはチームの力が必要となりますので、その素地としてピープルスキルやソフトスキル、またリーダーシップやフォロワーシップといった右脳的な学びも欠かせません。右脳と左脳を行ったり来たりしながら、インプットとアウトプットを繰り返して解決に向かっていくのです。

この経験は、若手、中堅、そして管理職になっていくにつれて、より高いレベルへ進んでいきます。たとえば損益計算書を見るのも、最初は自分の担当している営業所から始まりますが、事業、さらに日本国内市場、アジア全体へと領域が広がっていきます。プロダクトであればシングルプロダクトだけでなく、プロダクトラインを複数見ていくようになります。そのような広がり方で、「スコープ・オブ・レスポンシビリティ」が高まっていき、より経営に近い学習となります。

つまり、一貫性のある積み上げが大切であるからこそ、若手時代から始めることが望ましいと考えます。多くの企業が実施している階層別研修では、この学びの連続性を提供することはできないのです。

学習内容を常にアップデートし続けなければならない時代

経営において必要な知識、用語、ツール、アプリケーションは、時代とともに進化し続けています。インターネットの登場、スマートフォンやSNSの普及、そして最近では「Zoom」

や「Microsoft Teams」「Google Meet」などの多様なビデオ会議ツールの登場が、ビジネスパーソンの学びの場を大きく変えました。こうした変化に追随できない場合、生産性やコミュニケーションに支障が生じる恐れがあります。

特に、生成ＡＩ「ＣｈａｔＧＰＴ」に代表される技術の進化は、ホワイトカラー職にとって大きな転換点となっています。過去の産業革命時代における機械やロボットの登場が、単純作業の代替にとどまっていたのに対し、現代のＡＩの進化は、より高度なスキルを要する職種にも及んでいます。この技術革新の波は、労働市場における新たなパラダイムの変化を意味しています。

私たちＡｏｂａ‐ＢＢＴでの業務を例にとると、「ＣｈａｔＧＰＴ」を用いて、ミーティングの議事録作成や、プロモーションのディスカッションを企画案としてまとめる作業が以前よりずっと容易になりました。これは、従来のビジネスプロセスにおける効率性と品質の向上を示しています。しかし、ＡＩの進化は同時に、ホワイトカラー職の置かれた状況を複雑化させています。

たとえば、コールセンター業務においては、ＡＩによる自動応答システムが効率を大幅に向上させています。しかし、顧客の声を重視する企業では、人間による対応の重要性が依然として高いです。このようなジレンマに直面する企業にとって、競争優位性やコアコンピタンスを明らかにすることが重要です。そして、これらの決定において、「企業内ビジネススクール」で学んだ人材が中心的な役割を果たします。

さらに、ＡＩと自動化に関する最新の研究によれば、現在存在する多くの職種・業務がＡＩやシステムによって代替される可能性が高いことが示されています。これは、ホワイトカラー職にとって、自動化により職が失われるリスクだけでなく、スキルの価値が低下するリスクも意味しています。しかし、一方で、ＡＩと自動化により新たな職種やスキルの出現も予想されています。これは、企業がＡＩとの共存の下で人材を育成し、時代の変化に適応することの重要性を示唆しています。

「企業内ビジネススクール」の運営においても、ＡＩに関する正しい知見と使い方を教育することが不可欠です。これにより、従業員はＡＩを駆使し、人間にしかできない創造的な仕事に注力できるようになります。また、ＡＩ技術の進歩により、特に技術力が低い従業員にとって、業務の効率化と品質向上を期待することができます。

結論として、生成ＡＩがもたらすホワイトカラーの危機は、企業が労働市場の変化に適応し、人材を育成する機会を提供することで克服することが可能と考えます。ＡＩと人間の共存は、今後のビジネス環境において不可欠な要素となります。

〝アンラーニング〟という学び

これまでの事例や情報の中に必ず正解があるとするならば、それらを残さず蓄積していったほうがよいでしょう。過去の成功パターンがこれからも有効なパターンだという考え方もあるでしょう。

一方で、デジタルディスラプション（新たなデジタル技術の登場により、新しい商品・サービスが生まれた結果、既存の商品・サービスの市場が破壊される現象）、あるいは脱炭素の文脈での化石燃料から再生可能エネルギーへといった大転換が起きたときには、過去の経験値はまったく役に立たなくなります。

そうすると、過去に答えを求めることがリスクになり得ますし、テクノロジーによって自分が任されていた仕事がなくなった場合には、速やかに学び直して吸収しなければなりません。

そこでコーポレートユニバーシティや企業内ビジネススクールでは、不要になったものは捨てるアンラーニングについての学びをカリキュラムの中に組み込んで提供するべきではないかと考えます。頭の中で消そうと思ってもなかなか消えるものではないので、〝消しゴム〟

を配るのです。もちろん、それまでの成功体験が自信の拠り所になっている人もいるため、反発を招かないような配慮も求められます。

アンラーニングは特に新規事業の展開において重要です。従来のビジネスモデルが新しい市場で通用するとは限らず、企業のブランドや知名度が影響力を持たないこともあります。私が経験したネットスーパー事業の立ち上げでは、既存の小売業のアプローチでは利益を生み出せないことが明らかでした。実店舗のビジネスモデルをオンラインにそのまま適用することの限界を認識し、ネットスーパーとして独自の戦略を開発する必要がありました。これは、アンラーニングを通じて新しい解決策を模索し、成功に導くプロセスの一例です。

リーダーシップは生き物

企業におけるリーダーシップは、一般的なリーダーシップの考え方や素養を身につけた上で、自社固有の歴史や価値観、「ミッション」「ビジョン」「バリュー」を上乗せしてカスタマイズしていくものだと思います。「自社固有」は絶えず変わっていくものだけに、リーダーシップを学んで実践できるようになるまでには時間がかかりますし、それを継続していく必要があります。そして、個人の努力によって継続的にアップデートし続けるからこそ、さらに次世代へ役割をバトンタッチできるのです。もし10年間、何もアップデートしなかったなら、10年前の古くさいものをつないでしまいます。

また、チームでのリーダーシップ、部署でのリーダーシップ、本部でのリーダーシップ、支社でのリーダーシップ、そして日本でのリーダーシップといった、役割によっても変わっていくものです。

リーダーシップを学ぶときに強く意識すべきなのが、「リーダーシップとフォロワーシップ」という対の関係です。役者にたとえるなら、主役と脇役、両方の立場を経験しているほうが、どちらの役でも魅力的な演技ができるという意味です。当然、リーダーやチームメンバーの個性、言葉遣いはその時々で異なります。所属する営業部門や会計部門といったファンクションによっても、置かれた状況やミッションに違いがあります。こうしたことを踏まえて「リーダーのために、私はフォロワーとしてどう貢献すればいいのか？」「このチームのパフォーマンスを最大限引き出すために、私はチームリーダーとして、どうすべきなのか？」と考え実行できるようになっていくことが、リーダーには重要なのです。

ゆえに企業内ビジネススクールでは、こうした観点のカリキュラムを組み込んでいく必要があります。

企業内ビジネススクールでリーダーシップを培う方法は、カリキュラムに組み込む以外にもあります。先ほどから述べているように、企業内ビジネススクールでは外部の教員・講師に加え、内部にも企業理念や文化を教えられる教員・講師が必要になります。このプロセスで教員・講師を担当する上司は、教えることによって自分で理念などを再認識できるだけでなく、リーダーシップも構築されていきます。受講生との関係性の構築や、コミュニケーションの円滑化など、既存の経営陣が教員・講師を務めることはプラスの要素しかありません。

マネジメントチームにCLO（Chief Learning Officer）という役割を

現代の経営環境において、企業はＣＨＲＯ（Chief Human Resources Officer／最高人事責任者）の役割を導入することが一般的になってきていますが、これからの時代はＣＬＯ（Chief Learning Officer／最高人材育成責任者）の重要性が高まっていきます。ＣＨＲＯとＣＬＯは異なる役割を担い、組織の成長と進化において重要な位置を占めています。

ＣＨＲＯは主に人事戦略、労働関係、従業員の福利厚生、人材管理など、組織の人的資源に関連する広範囲な責任を負っています。一方、ＣＬＯの役割は、組織全体の学習戦略と教育プログラムの開発に特化しています。ＣＬＯは、従業員が自身のスキルを拡張し、組織の目標と連携するための継続的な学習環境を構築します。

私たちが提案するのは、マネジメントチームにＣＬＯを組み込むことです。この新たな役割は、企業の経営環境が急速に変化し、成長と進化が必要とされる現在、特に重要です。ＣＬＯは組織と人材の力を強化し、企業の競争力を高める中核要素となります。

従来、マネジメントチームは、ＣＥＯ（Chief Executive Officer／最高経営責任者）、ＣＯＯ（Chief Operating Officer／最高執行責任者）、ＣＦＯ（Chief Financial Officer／最高財務責任者）などで構成されており、各領域の戦略と運営を担当してきました。しかし、組織と人材の持続的な成長を確実にするためには、ＣＬＯの専門知識が不可欠です。ＣＬＯは、組織全体が現状から理想とする中期経営計画へ進化する過程を促進し、企業戦略を人材開発の観点から支援します。

さらに、ＣＬＯは個々の従業員やチームが自己のポテンシャルを最大限に発揮することを支援し、組織の持続可能な成長を促進します。この役割は、企業の規模や戦略に応じてカスタマイズ可能であり、経営学、人的スキル、多言語コミュニケーション、イノベーション、起業家精神、ＡＩ技術といった多岐にわたる専門知識を統合することが求められます。

最終的に、ＣＬＯは企業内ビジネススクールの構築や運営にも関与し、社員教育と組織開発のための戦略的リーダーシップを提供します。私たちＡｏｂａ-ＢＢＴは、教育と学習の専門知識を活用して、みなさまの企業におけるＣＬＯの設置と活用を支援する準備ができています。

対談

近年の
コーポレート
ユニバーシティ
隆盛の背景と現状

国立大学法人 宇都宮大学 データサイエンス
経営学部 教授

大嶋淳俊

Oshima　Atsutoshi

大手総合シンクタンクにて民間コンサルティングと政府系事業に従事。APEC経営人材育成事務局出向。いわき明星大学教授、宮城大学教授を経て現職。博士（人間科学）。デジタル×戦略×リーダー育成を研究。復興支援・地域活性化のために商品開発・観光促進・デジタルマーケティング・地域ブランディング等の産官学連携プロジェクトを多数実施。中央官庁及び自治体の委員を歴任。著書に『デジタル経営学入門』『企業内大学』他多数。近刊は『次世代経営リーダー育成』（学文社）。

コーポレートユニバーシティが誕生した背景

柴田　大嶋先生、本日はコーポレートユニバーシティ（企業内大学）について、いろいろ質問をさせていただきます。まず昨今、企業においてコーポレートユニバーシティの必要性が叫ばれている背景についてお聞かせください。

大嶋　コーポレートユニバーシティの歴史をたどって考えてみるのがよいと思います。アメリカでは1950年代以降にコーポレートユニバーシティがさまざまなかたちで設立されてきたわけですが、1990年代後半からコーポレートユニバーシティの考え方が広く議論されるようになり、ある程度の全体像がつかめるようになりました。

日本はこれに影響を受けて、1990年代の終わりごろ、コーポレートユニバーシティの考え方を取り入れようとする機運が高まりました。それまでは単に研修プログラムを提供することで社員のスキルを上げていたのですが、変革の時代においては、経営者も関与するかたちで人材育成の大きな戦略とフレームワークをしっかりつくり、必要な人材をもっと計画的・体系的に育成していく必要があるのではないかと考えるようになっの底上げ」です。その中核は、私の研究テーマでもある「経営人材の育成」と「全社的な能力の底上げ」について見ていきます。たとえば、製造業であれば、全員が同じようにスキルを上げるのではなく、新しい技術やノウハウ、新しいビジネスドメイン（領域）に対応することが必要になってきた。そういう中で、従来のトレーニングセンターからコーポレートユニバーシティへという動きがあったのです。

そのようなトレンドの中で「ユニバーシティ」あるいは「大学」という名称をつける企業もあれば、「インスティテュート」「アカデミー」もしくは「○○経営塾」といったように、さまざまな名称がつけられました。その裏に何があるかというと、やはり企業ごとに捉え方の違いがあるわけです。呼称を一つにまとめる必要があるのかどうかはなかなか難しいところですが、いわゆるコーポレートユニバーシティを設置する企業が増えてきた背景には、産業の大きな変化、企業の置かれている状況、戦略と人材育成の連動といった、昔から研究の世界でも必要だと言われたことを実現しなければ本格的にまずい状況になってきたという現実があります。そのソリューションとして、コーポレートユニバーシティが、アメリカだけでなく日本やヨーロッパでもより注目されたのだと思います。

コーポレートユニバーシティの原型的なものは、1950年代のアメリカでGE（ゼネラル・エレクトリック）が設置した「クロトンビル」だと言われています。あえて私が1990年代後半から話を始めているのは、それまでも色々なかたちでコーポレートユニバーシティと呼ばれているものがあったものの、ある程度、経済界や産業界、学術界で認知すべきレベルに上がってきたのはちょうど1990年代だからです。それまでのような散発的な活動ではなく、活動主体がある程度増えて、それを議論するに足るような研究が始まった。「コーポレートユニバーシティはもっと古くからあるよ」と言う人はいるかもしれませんが、それはステージが違う話だと思います。

大嶋教授の定義するコーポレートユニバーシティとは

柴田　大嶋先生はこれまで国内外のさまざまなコーポレートユニバーシティについて研究されていますが、先生ご自身の定義をお聞かせください。

大嶋　欧米や日本のさまざまな文献や研究論文を確認した結果、私はコーポレートユニバーシティを「企業の経営戦略と人材戦略の下、大学のように目的別に多様かつ体系化された教育研修の提供に加えて、企業理念の浸透や組織文化の醸成を実現するための人事制度・組織」とかなり幅広く定義しています。これを目的別に大きく2つに分けるのであれば、1つ目が「経営人材や経営管理者の育成」、2つ目が「全社的な人材の能力アップ」です。ただし、対象者が誰であれ、根幹にあるのが「企業理念の浸透」で、今で言えばパーパス経営を実現するフレームワークとして、コーポレートユニバーシティを捉えられるのではないかと思います。

柴田　コーポレートユニバーシティの運営主体は企業だと思うのですが、目的自体は先生がおっしゃったように、経営人材の育成に特化している例もあれば、年齢などもう少し裾野を広くしている例もあると思います。カリキュラムに関しては経営学的な内容に絞り込んでいる場合もあれば、リベラルアーツ（教養）も含めてもう少し広く教えている場合もあるという理解でよいのでしょうか。

大嶋　はい、各社がコーポレートユニバーシティをどう捉えているのか。どのような経営課題を解決するために、どのような人材を育成したいのか。それによって、コーポレートユニバーシティの目的も用意すべきカリキュラム、受講対象や参加方法、形態、応募資格も異なります。経営人材の育成であれば、基本的にはその企業が参加者を選抜する。一方で、新しいビジネスモデルの強化に向けて、社員に新たなスキル・技術を身につけさせようとする経営ミッションの一環でコーポレートユニバーシティを稼働させているのであれば、関係者全員が対象になる。結局、大元の目的が何かによってカリキュラムが決まっていくということです。

柴田　先ほど先生がコーポレートユニバーシティの定義として、「経営戦略や人材戦略のみならず、企業の理念や組織文化も含めて学んでもらうための場所として、広い意味で

の人事制度であり組織制度である」とおっしゃっていたことが非常に胸に響きました。企業の理念や文化まで学ぶことになると、「誰が教えるのか」という観点で言えば、外部の教員・講師には教えられないのではないかと思います。そうしますと、内部の人が一定程度教える側にも立つことになるのでしょうか。

大嶋　そうです。現在の経営者や創業者の「○○フィロソフィー」のようなバイブル的なものをベースにしながら、いかにそれを噛み砕いて現場に浸透させるのか。先日、ある大手メーカーのグローバル企業にお話を伺ったのですが、国内はだいぶ定着したが、グローバル企業としては海外のグループ会社、もしくは買収した海外企業にそれをどう浸透させるのかについても考えているようでした。コーポレートユニバーシティという枠組みで取り組むところもあれば、そのような枠組み以外の方法で浸透を図っているところもあります。

先ほど私が提示した定義は、２０２０年代の視点でコーポレートユニバーシティについて議論するのであれば、こういう定義・概念で捉えるほうがよいのではないかという意味です。日本企業が多角化したりグローバル化したりしている中で、従来は当たり前だと捉えられていた経営理念を積極的に「見える化」して共有しないと、組織として動かない時代に来ていることを踏まえた定義です。そういう意味では、これまで企業理念はコーポレートユニバーシティの中でそれほど重視されていたわけではなかったと思います。

ユニバーシティ（総合大学）として運営する企業は限られている

柴田　次の質問に移らせていただきます。コーポレートユニバーシティ以外にも、いくつか典型的な人材育成の方法があると思っています。たとえば、階層別研修、それからハーバード大学やスタンフォード大学に代表される海外のビジネススクールへの派遣、標準型のリーダーシップを養成するためのプログラム、あるいは問題解決力を養成するためのプログラム、新規事業を創出していく人材のためのプログラムなどが挙げられます。こうした公開募集型のプログラムに年に数回、企業から受講生を派遣すると、色々な業界から学習者が集まっているので、他流試合形式で学ぶことになります。これと、コーポレートユニバーシティとでは一体、何が違うのでしょうか。

大嶋　コーポレートユニバーシティを、私が定義しているような全体的なフレームワークで捉えている企業もあれば、自社内の教育研修プログラム全般を「コーポレートユニバーシティ」と言い換えているだけのところもあり、関連性を整理し直すには、それこそ各社ごとに、階層別研修、ビジネススクール派遣などを含めて星取表を作らなければ捉えづらいでしょう。

これらの違いは何なのかについて、コーポレートユニバーシティを包括的に捉えている企業の事例をベースに考えると、結局のところ、階層別研修も外部派遣も、すべてコーポレートユニバーシティの傘の中に位置づけている企業がむしろ増えてきているのではないかと思います。たとえば、次世代リーダーの育成にしても、中間管理職の人たちの育成は社内研修のフレームワークで行うけれど、本部長や執行役員クラスになってくると人数が限られることもあって、外で他流試合をさせたほうがよいと判断する。一方で、自社では「コーポレートユニバーシティ」と名乗っているものの、「選抜型の人材」という意味の中間管理職の人たちに十分な教育プログラムを自社で提供できていないと自覚する企業は、Ａｏｂａ－ＢＢＴのような研修サービス会社に課長や部長クラスを派遣するなどを、コーポレートユニバーシティのプログラムの一つとして位置づけている。「コーポレートユニバーシティが他の人材育成と何が違うのか」ということよりも、「他の人材育成方法をどう包括させて体系化して、自社の目的に合った教育内容を提供しようとしているのか」というところがポイントになると思います。

柴田　なるほど。そもそも同列ではなく、フレームワークとしてのコーポレートユニバーシティ以外のものも、その手段の一つであってコンポーネントである。したがって、コーポレートユニバーシティを、包括する概念としていかに設計するのかが重要なポイントになってくるということですね。

大嶋　そういうことになると思います。一般的なユニバーシティ（総合大学）というのは基本的にいろんな学部があって、専門分野の内容を2年生か3年生以上で勉強するわけですが、当然、人としてどうあるべきかを考えさせる哲学や基本的なサイエンスの世界を1年生からの共通教育で教えますよね。結局これも、「トータルでどういう人材を育てていきたいのか」という各大学のミッションを基に体系化して、目的をある程度明確にして教育を提供している。同様に研修サービスを提供するのがコーポレートユニバーシティなのですが、企業によってはそこまでは揃えられなくて、経営人材の育成プログラム自体をコーポレートユニバーシティと呼んでいる場合もあれば、経営人材の育成をそれほど強化できていなくて、全社的なプログラムの提供を「○○ユニバーシティ」とか「○○カレッジ」「○○アカデミー」と呼んでいる場合もあるのです。社内で全部を満たしている企業は、実際にはかなり限られていると捉えています。

新しい技術がコーポレートユニバーシティに与える影響

柴田　2000年代初頭もインターネットによる影響が非常に大きくて世界全体を変えましたし、現在も生成AIのような新しい技術によって、働き方そのものや生活の仕方も変わってきていると思います。そういう意味では、コーポレートユニバーシティ、または企業における人材育成の方法もテクノロジーの影響を大きく受けると思うのですが、最近の変化の中で特にコーポレートユニバーシティのような取り組みにおいて着目しておくべき特徴はありますか。

大嶋　私は2000年代に『eラーニング白書』の編纂に関わってきたこともあり、その当時からオンライン学習が浮上しつつあることは明らかでしたが、対面ベースが比較的主流だったカリキュラムについても、2020年からのコロナ禍以降では変化が見られます。対面でなくてもどのように人を育成し続けるのか。どのような教育を提供すれば企業に魅力を感じ、辞めずにずっと意欲を持って働き続けてもらえるのか。こうした問題意識を持ち、デジタルのプラットフォーム上での提供に取り組んだ企業が増えたと思います。

そのデジタル技術には、私が「企業内大学2・0」と呼んでいるオンラインラーニング的なものや、ただオンデマンドで学習するだけではなくて、私が「企業内大学3・0」と呼ぶ、対面ではない教育に加えて昔から経営学や人的資源管理の観点で議論されていた戦略と合致した成果に結びつく教育をデジタルプラットフォームで実現しようとするものがあります。この3・0には、まさにAoba－BBTが提供するようなプログラムがあり、コロナの前から十分活用できたし実際に成果も上げられていたでしょう。デジタルプラットフォームを活用するようになったことで、「どのような研修を、誰がやっているのか」をビッグデータベースで捉えることができるようになりました。それに果敢にチャレンジしている先進企業と、そこまではチャレンジせずに単にオンラインで研修を行っているだけの企業との間で、だんだん差がついてきている状況です。

技術の観点では、私がずっと追いかけて研究していく中では、たとえば、VR（仮想現実）ゴーグルを使って教育の効果を高めようとする企業はもちろん増えてきているのですが、それはどちらかというと2・0の世界の一つにとどまっているようです。トレーニングを受けた人がどのような結果を出すのかまで捉えて、次の育成戦略に反映できるようになっていくのが3・0の時代だと思っています。

柴田　そういう意味では2・0の時代に、いわゆるR&D（研究開発）活動の範囲の中で色々な技術が試されたもののうち、継続的に学習効果が飛躍的に高められると判断されたものが3・0では採用され、そうでないものはまた新しい実験に変わっていくということが、いい意味で繰り返されているのかなと思います。

コーポレートユニバーシティの実践例

柴田　大嶋先生が着目している、参考にすべきコーポレートユニバーシティのグッドプラクティスやベストプラクティスをご紹介いただけますか。

大嶋　全社員を対象にして、なおかつ「企業内大学3・0」と私が呼んでいるコロナ禍以降のデジタルプラットフォームをベースにコーポレートユニバーシティに取り組んでいる業界の一つが、大手金融機関です。コロナ禍の前から、いわゆる「コーポレートユ

ニバーシティ」というフレームワークで教育研修を全社員向けに実施しており、その中には企業理念の浸透に関するプログラムもありました。それがコロナ禍以降、対面でできないからとあきらめるのではなく、デジタルで同じレベル、もしくはそれ以上のレベルで実現しているのです。たとえば、従来はなかった社員同士の交流促進、それもただの交流ではなく実践的な経営課題を設定して、オンラインのプラットフォームをうまく活用しながら、部署が異なる社員同士が一緒に課題解決をしていくプロセスで学んでいる。従来のいわゆるスキル学習的なもの、大学の座学的なものに加えて、デジタルプラットフォームを介して次世代のリーダー育成もしているのです。

経営人材の育成に特化した事例として、ある大手IT企業を挙げたいと思います。その企業は従来、経営人材の育成や全社的な育成など、さまざまな研修プログラムを用意していました。しかし、あまりにグループが多様化した中で、共同でグループ全体を束ねる経営人材を育成するために、コーポレートユニバーシティを新たに構築したわけです。具体的には、何週間といった短期間の選抜研修を提供するだけではなく、トータルで2年かけてしっかり学んで成長する機会を提供する。本人の希望に沿って、我々が「修羅場経験」と呼んでいる、ちょっと大変なミッションを与えてトライさせる。ただ研修を提供するのではなく、明らかにコーポレートユニバーシティの「経営人材の育成」というフレーム

ワークにぴったりくる取り組みに着手されています。

柴田　なるほど。金融機関のようなマーケットがグローバル化している産業に特化した話ではなく、ＩＴ業界でもこういった取り組みの重要性は増してきているということですね。一方で、若い方と話をしてみますと、自分がその会社で2年3年、または10年20年と勤めることで、どれぐらい成長できるのかという「成長機会としての職場」という基準の重要性が高まっているのではないかと思います。コーポレートユニバーシティは経営人材育成だけではなくて、若いうちから自分が学んで成長することができるような場所としての役割も増していて、それは会社の採用力にも紐づきつつあると思うのですが、どう思われますか。

大嶋　おっしゃるとおりで、まさに私が描いているコーポレートユニバーシティの概念図と一致しています。経営人材の育成に限らず、とにかく若いときから成長機会、学ぶ機会、やりがいみたいなものが与えられるような組織が今は好まれています。今の学生を見ていてももちろんそうで、意欲的な学生はそこをすごく重視しています。つまり、コーポレートユニバーシティが企業ＰＲや採用促進にもつながる。「うちの会社はしっかり人を育てている」とただ言うよりも、コーポレートユニバーシティをつくっていて、このフレームワークでいろんな学びができる、成長機会があるということを見える化したほうがわかりやすく、外にいる人材を引き寄せやすいはずなのです。

入社後も、ちゃんと育成する機会が見える化され、フレームワークができあがっていれば、それに則った形で自分はチャレンジさえしていけばよいのだと明快にわかります。キャリアパスの見える化も含めて、そのあたりをうまくコーポレートユニバーシティの中に組み込んでいけば、優秀な人材ほど転職してしまうのを少しでも避けられて、エンゲージメントを高めて、なおかつパフォーマンスを出し続けてくれる機会になることを意識している企業が増えてきていると思います。

経営陣の〝学長〟としての本気度が成否を分ける

柴田　最後の質問となりますが、企業内大学3・0から4・0というように、今後もコーポレートユニバーシティは進化していくものだと思いますが、先ほど挙げていただいた事例なども踏まえて、今後の課題など先生が感じていらっしゃることをぜひお聞かせください。

大嶋　自社の経営戦略とは、結局、経営課題をどれぐらい明確に認識して、それに合わせて戦略をつくることが基本だと思います。どういう組織でありたいのかというパーパス経営では、「そのためにどういう戦略を立てて、どういう成果を出したいのか、そのためにはどういう人材が必要か」という流れが王道だと思うのですが、それを持続的にしっかりと把握した上で、それに合ったコーポレートユニバーシティのフレームワークや運営をどれぐらいできるのかが大きなポイントになります。それはなぜかというと、コーポレートユニバーシティを立ち上げて2~3年続けても、経営陣が代わったら減速してしまう。あるいは不必要な手を加えてしまうこともあります。これはコーポレートユニバーシティに限らず、経営人材の育成プログラムについて私が15年ぐらい研究している中で、各社から聞く話です。

コーポレートユニバーシティは、変化の可能性も踏まえた上で一貫してやるべきことが何なのかを考え、フレームワークをつくり、必要であれば修正するものです。中身をより高めていくには、長期的なスパンでの戦略を立てる経営陣の覚悟や能力、それを実現するための経営企画や人事部門のキャパシティが問われているのだろうと思います。

たとえば、DX（デジタルトランスフォーメーション）やリスキリングなどのトレンドにすぐさま対応することももちろん大事ですが、その新しいトライアルを、以前からロングスパンでやっている戦略的な人材育成の活動にどうつなげていけるのかというのは、当然、経営陣やCHRO（最高人事責任者）がしっかりコミットして持続させていく必要があります。

柴田　コーポレートユニバーシティは学校である以上、学長や総長の立場の人が概念的には必要だと考えているのですが、それは社長など経営トップ、経営陣の方々が務めてコミットしていくべきものだという理解でよろしいでしょうか。

大嶋　おっしゃるとおりです。各社によって、たとえば社長もしくはCEOがコーポレートユニバーシティの〝学長〟を名乗ったり、CEOではなくCHROを〝学長〟と位置づけたりして、会社のトップがどれぐらい重視しているのかということを象徴的に示しつつ、必要な経営資源を投入する。そのためには、何が行われているかということを経営陣自体がもっとダイレクトに知る必要があると思うのですが、そういう認識がCEO

にしっかりあるかどうかです。これが先ほどのご質問の「課題」であり、これからの成否を分ける重要なポイントになってくるのではないでしょうか。

柴田　本日はどうもありがとうございました。

対談を終えて

大嶋教授は、四半世紀にわたりコーポレートユニバーシティ（CU）に関するアカデミアと産業界の最新事例を丹念に研究してきた、日本でも数少ない専門家の一人です。私たちのリサーチによれば、彼はコーポレートユニバーシティの定義を明確にし、その歴史的役割を解き明かし、企業経営陣がコーポレートユニバーシティをどのように活用すべきかについての洞察を提供しています。これには、どのようなカリキュラムや運営形態が最適かの議論が含まれます。

コーポレートユニバーシティは、企業の経営戦略と人材戦略を統合し、経営理念の浸透や組織文化の醸成を促進する教育機関として進化してきました。大嶋教授によれば、この取り組みは、単なるスキルアップトレーニングから組織全体の成長を目指す包括的なアプローチへと拡大しています。また、新しい技術の導入により、デジタルプラットフォームを活用した学習方法が増加し、コーポレートユニバーシティの形態も変化しています。

国内外での先進的なコーポレートユニバーシティ事例からは、継続的な学習と成長のためのフレームワークを構築することの重要性が浮き彫りになっています。特に、デジタル変革やグローバルなビジネスモデルに対応するための戦略的なカリキュラムの設計が注目されています。大嶋教授は、個別の事例から得た知見だけでなく、学術研究に基づいた標準化された視点からも、コーポレートユニバーシティの価値を再評価することの重要性を強調しています。

結局、コーポレートユニバーシティは経営陣の深いコミットメントと明確な戦略的ビジョンを必要とし、企業が目指す長期的な成果を支える重要な機関となることができます。大嶋教授の知見は、コーポレートユニバーシティの将来的な役割と発展に対する理解を深め、実践的な戦略を策定する上で貴重な指針となります。

第3章

Aoba-BBTが提案する「企業内ビジネススクール」の設計

1　企業内ビジネススクールのつくり方

組織の成長と人材育成のための包括的かつ効果的なアプローチ

現代ビジネスの急速な技術進化とグローバル化は、企業に前例のない挑戦をもたらしています。これに対応し、競争力と持続的な成長を確保するためには、従業員のスキルと能力の向上が不可欠です。私たちＡｏｂａ－ＢＢＴは企業のこのような課題に対応するため、企業内ビジネススクールの設計を提案します。本章では、私たちが考える、組織の成長と人材育成のための包括的かつ効果的なアプローチを紹介します。

まず、企業内ビジネススクールの設計方法とメソッドに焦点を当てて、具体的な要素とそれらが組織の目的にどのように貢献するかを述べ、企業内ビジネススクールの設計と運営の方法について、詳細に掘り下げていきます。これらは自己主導的な学習を用いた成人学習理論「アンドラゴジー（andragogy）」に則ったオーソドックスなものに、Ａｏｂａ‐ＢＢＴが実際に企業内ビジネススクールの設計を支援してきた実績を織り込んだものです。

「企業内ビジネススクール」設計における重要なポイント

企業内ビジネススクールの設置は、急速な技術進化やグローバリゼーションに対応し、企業の競争力を強化するために重要です。Ａｏｂａ‐ＢＢＴは、この目的に沿った人材育成のための効果的なアプローチを提供することを目指しています。ここでは、私たちのＡＤＤＩＥモデルに則った具体的な育成プログラムの設計、実施、評価のプロセスを紹介します。

①分析（Analysis）

企業の中長期戦略に基づき、組織が直面する具体的な人材育成ニーズを特定します。この段階では、企業が目指すビジョンと戦略的目標に沿って、必要とされるスキルセットと能力を明確に定義し、それに基づいた育成プログラムの初期概念を形成します。

②設計（Design）

分析フェーズで特定されたニーズに基づき、具体的な育成プログラムの枠組みを策定します。このプロセスでは、目標達成に必要な教育内容、方法、教材を戦略的に選定し、プログラムの全体的な構造と各セッションの詳細を設計します。企業固有のニーズに最適化し、プログラムをカスタマイズすることが、この段階の鍵となります。

③開発（Development）

設計されたプログラムを提供するために具体的な教材や教育ツールを検討します。ここでは、教育プログラムの実効性を確保するための教材開発や、教員・講師とティーチングアシスタント（ＴＡ）のトレーニングが行われ、参加者が学習内容を効果的に吸収できるよう準備が整えられます。

④実施（Implementation）

開発された教材とプログラムを実際に運用します。この段階で、参加者へのオリエンテーションや学習支援体制の設置、実施中のサポートが重要となり、学習効果の最大化を目指します。

⑤評価（Evaluation）

育成プログラムの成果を測定し、目標達成度を評価します。この評価により、プログラムの効果が検証され、必要に応じて次のサイクルのための改善点が特定されます。フィードバックの収集と分析が、このフェーズの中心です。

これらのＡＤＤＩＥモデルに基づくアプローチにより、企業内ビジネススクールを単なる研修機関ではなく、企業の戦略的な目標を実現するための実践的な人材育成の場として設計することができます。このプロセスを通じて、Ａｏｂａ‐ＢＢＴは顧客企業が直面する現実的な課題への対応と、持続可能な成長を支援する人材を効率的に育成しています。

「企業内ビジネススクール」設計の具体的8ステップ

企業内ビジネススクールの設計と運営は、従業員の能力開発と組織のリーダーシップの育成において重要な役割を果たします。「明確な目的の設定」「効果的なカリキュラムの設計」「質の高い教員・講師の選定」などを通じて、企業は持続的な成長と変革を実現するための人材を育成することができます。企業内ビジネススクールは、現代の経営教育の革新への道を拓く重要な取り組みであると私たちは考えています。

先ほどの5つのフェーズを念頭に置いた上でまとめると、私たちが考える設計の手順は、8つのステップから成ります。

まず目的を明確にした上で、逆算して人材像の出口と入り口を設定します。そして、その間のギャップを埋めるためのカリキュラムと、それを教えることができる教員・講師組織を決めます。続いて、教育の質を保証する仕組み（アセスメント）やディプロマ・ポリシー（修了要件）を決定します。さらに業務と教育の循環についても設計します。おおよそ時系列に沿っていますが、一部は並列で進めていきます。

（1）目的の設定……根幹となるビジョンの明確化

企業内ビジネススクールを設置する際には、短期、中期、長期の各期間で学校が達成すべき目標を明確に定義することが必要だと考えます。一例として典型的な「企業内ビジネススクール」が抱える目的を挙げると、短期的には経営トップの候補者の育成、中期的にはＣｘＯや本部長などのリーダー層の母集団の形成、長期的には組織全体の経営戦略と計画の実行に貢献できる人材の育成が目標となります。

（2）修了時の人材像……目指すべき姿の具体化

修了生は、企業のコアバリューを体現し、特定分野での専門知識と実践力を兼ね備えたリーダーでなければなりません。企業内ビジネススクールを修了した人材がどのような姿であるべきかを明確に定義することは、彼らが目指すべき具体的なゴールを設定する上で不可欠です。この人材像を「マインドセット」「知識」「スキル」「実践力」の４つの観点で構成することで、個々の属性を包括的に捉え、それぞれを具体的かつ測定可能な基準で評価することが可能となります。

マインドセット、知識、スキル、実践力という枠組みを用いることにより、修了生の能力と成長を客観的に評価する土台が築かれます。このように定義された人材像はカリキュラム設計の基盤となり、教育内容が修了生に期待される資質を育成することを保証します。さらに、これらの要素を明確にすることで、教育関係者や利害関係者間での効果的なコミュニケーションと共有が促進され、教育プログラムの目的と成果を明確にすることができます。

(3) 入学基準と人材像……優れた候補者の選定

将来的のリーダーとしてふさわしい能力を持つ人材を選出するための基準を設定します。管理職経験者であり、ビジョンに合致したリーダーシップ、教養、ビジネスナレッジを有する者を選ぶことが望ましいです。

(4) カリキュラムの設計……効果的な学習プログラムの構築

カリキュラムは、学習者が入学時から修了時にかけて、どのように成長するかを定義します。企業固有の文化や歴史を反映させ、座学と実践のバランスを重視し、経営戦略と実行力のギャップを埋める内容となりますが、(2)で定義した修了時の人材像になるために(2)の定義からのギャップを埋めていく過程の設計であることから、修了時の人材像がはっきりしていれば、おのずと導き出されます。

たとえば、新たな価値を創造し、新規事業領域への参画を実行できる人材を目指した場合、入学時には市場ニーズの分析やイノベーティブなアイデア生成に関する基本的な理解を持つことを期待します。カリキュラムは事業構想の策定、市場分析、ビジネスモデリング、プロトタイピング、投資説明能力など、新規事業開発の全工程をカバーし、学習者が新規事業領域で実際に価値を創出できるスキルを段階的に学びます。この過程では、実際の市場データを用いたケーススタディ、ビジネスプラン競技、ピッチセッション、メンターとの定期的なレビュー会議など、実践的な学習手法が用いられます。

修了時には、学習者は新規事業領域での市場機会を特定し、革新的な事業案を開発し、その実現に向けて資源を確保し、チームをリードして事業を推進する能力を持つことが期待されます。このようなカリキュラムを通じて、企業内ビジネススクールは、組織内で即戦力となる新規事業開発者を育成し、長期的な経営戦略と実行力のギャップを効果的に埋めることができるのです。

(5) 教員・講師……高品質な教育提供を目的とした人材の選定と育成

教育の質は、適切な教員・講師によって大きく左右されます。カリキュラムが知識の宝庫であれば、教員・講師はその知識を解き明かし、学生に伝える重要な役割を担う案内人です。単に教材を進めるだけでなく、学生が真の理解と能力を身につけるためには、教員・講師とカリキュラムの密接な連携が不可欠です。

社内講師と社外講師では教えることが可能な内容だけでなく、充てられる時間やコストに違いがあるため、うまく組み合わせることが重要です。教員・講師のほかにＴＡ（ティーチングアシスタント）やカウンセラーによるサポート体制を含む、教員・講師組織のガイドラインを作成した上で、それに則って実際に構築します。

選定の判断基準は、テーマによって変わってきます。たとえば、デジタルやポップカルチャーなら年齢に関係なく精通しているかどうかが問われるでしょうが、「我が社の歴史１００年を紐解く」がテーマであるなら、知識に加えて語れるだけの業務経験が問われます。「社長としての心構え」の場合は社長経験者でなければ実のある授業にはなり得ません。また、人的資本経営では、「決まりごと」である情報開示の義務に関する部分と、「心構え」の要素も多分に含まれるコンプライアンスの部分では、それぞれ別の教員・講師が教える体制も考えられます。

（6）品質保証・アセスメント……教育の効果を評価し改善する

自動車や家電製品なら故障の有無を調べることは難しくありませんが、学習や教育は無形であり、かつ一人ひとりの頭の中を可視化できないため、「意図したとおりの学びが本当に進んでいるか」「その成果を使いこなせるようになっているか」が、なかなか見えるものではありません。

そこで教育の質を保証するためには、試験、課題、プレゼンテーション、リフレクション（内省・振り返り）を通じて、教育の効果を客観的に評価するアセスメントをし続ける必要があります。そして、カリキュラムとの整合性と教育内容の質を常に見直し、改善するのです。

この品質保証は、企業内でのプログラムの認知度や威厳にも関連してくる重要なプロセスです。

（7）ディプロマ・ポリシー……修了要件とその影響の定義

学位（修了要件）の授与プロセスを明確に定義することで、学習者の動機づけと成果の評価が可能になります。ディプロマ・ポリシーは（2）で定義した修了時の人材像に直結するものであり、それよりも一層アセスメントしやすいかたちの基準や指標でなければなりません。

企業内ビジネススクールの目的は人材に優劣をつけることではありませんが、結果的にそのように見られてしまうため、その後のモチベーション低下につながるリスクも加味した上でディプロマ・ポリシーを定義します。

また、学習者の現在地点を言語化し可視化することになるため、それを人事評価制度や昇進の判断にどの程度採用するのかも定義しておきます。企業内ビジネススクールでの成績を昇進の重要な判断要素としても構いませんし、逆にまったく紐づかない位置づけにするのも当然あり得る考え方です。

たとえば、ビジネス・ブレークスルー大学院では、「イノベーションを創出するために必要な水準として本大学院が掲げる『輩出すべき人材像（ディプロマ・プロファイル）』を構成するマインド・知識・スキル・実践力が修得されているかどうか」を考慮することにしています。図7の右端に示す「経営学全般に精通し、獲得した知識・スキル・実践力等の能力を駆使して世界、特にアジアでビジネスを行い、結果を残すことができる」というのが人材像であり、これをブレークダウンしたものが7つのプロファイル（素養）です。

修了認定の判定では、卒業研究で作成した事業計画のプレゼンテーションと、審査員である5人の教授陣との質疑応答によって、これら7つのプロファイルが備わっているかどうかを確認しています。

図7　ビジネス・ブレークスルー大学院が定めるディプロマ・ポリシー

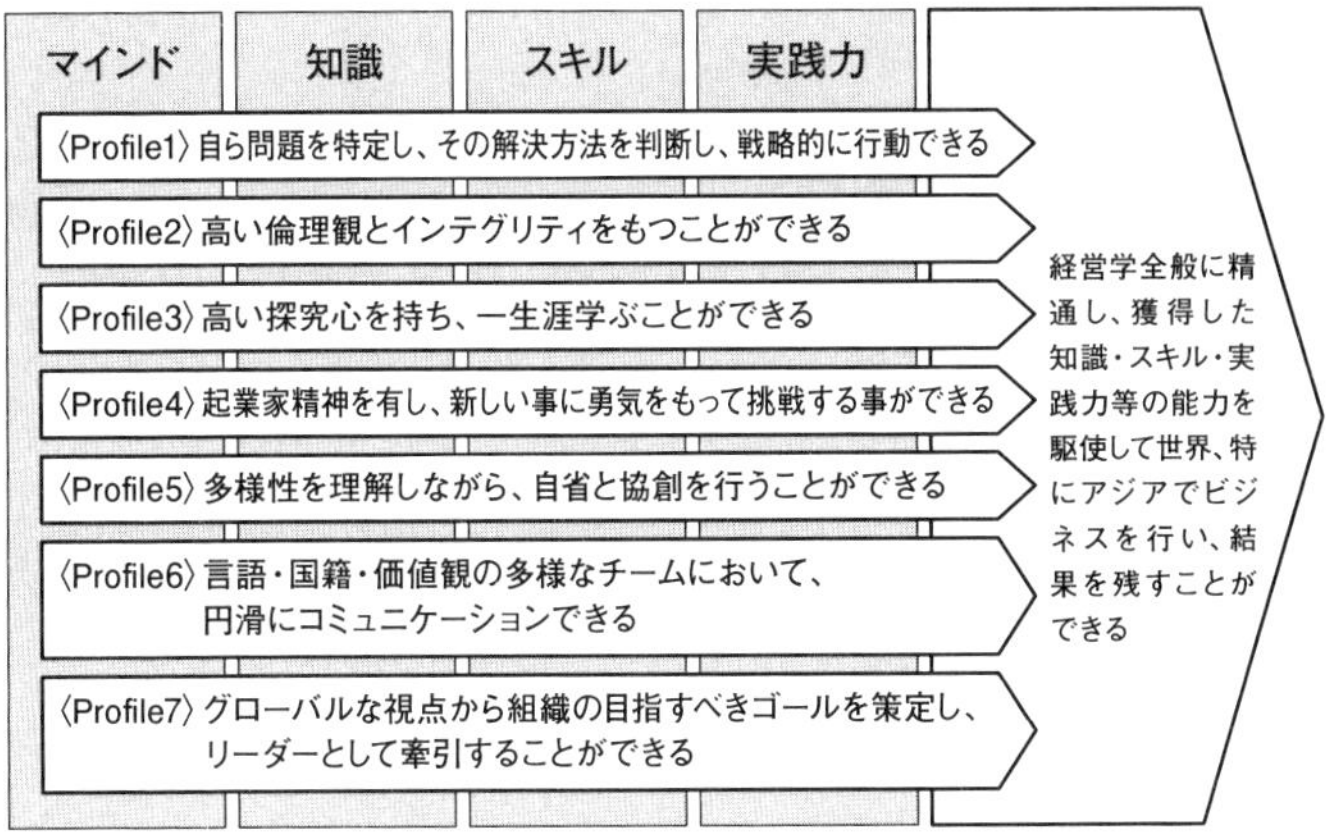

①自ら問題を特定し、その解決方法を判断し、戦略的に行動できる

端的に言い表すなら、問題解決力を求めています。

②高い倫理観とインテグリティ（誠実さ）を持つことができる

特に現在のようにビジネスが複雑化し、かつ法令の体系が異なる地域で事業を展開する場合、経営者は尊敬に値する人物なのか、常に軸がぶれない人物なのかが企業の命運を大きく左右します。ゆえに高い倫理観とインテグリティを求めています。

③高い探究心を持ち、一生涯学ぶことができる

外部環境や競合との関係性は日々変わっていきますので、自分をアップデートし続けなければなりません。そのためには向上心を持ち、忙しい中でも自分で時間をつくって学び続ける必要があります。

④起業家精神を有し、新しい事に勇気をもって挑戦することができる

起業家には、挑戦するマインド、リスクを取って踏み込んでいくマインドが欠かせないためです。

⑤多様性を理解しながら、自省と協創を行うことができる

近年は「ダイバーシティ&インクルージョン」という言葉が知られるようになってきましたが、文化、性的指向、宗教、職業経験、価値観といった観点で、多様な背景を持つ人材からなるチームをうまくまとめながら、力を最大限に引き出せるダイバーシティマネジメントがリーダーには求められます。特定のカテゴリーや特定のセグメントを優遇したり冷遇したりすることのない、フェアなマネジメントでなければなりません。

⑥言語・国籍・価値観の多様なチームにおいて、円滑にコミュニケーションできる

⑤と似ていますが、こちらはコミュニケーションの能力を指しています。日本語だけでなく外国語で、その手段もフェイス・トゥ・フェイスはもちろん、「Zoom」でのビデオ会議や「Slack」を使ったテキスト中心などさまざまな媒体を使って、情報、意見、感情を共有できなければなりません。カジュアルとフォーマルの切り替えも含め、コミュニケーションは複雑化かつ高度化しています。

⑦グローバルな視点から組織の目指すべきゴールを策定し、リーダーとして牽引することができる

リーダーシップのことです。平たく言うと、「ここに行くぞ」という目的地を定めて、そこに向かって牽引していくことができる能力です。

（8）業務と学びの関連性……実践的な学習の推進

「企業内ビジネススクール」の設計の最終ステップです。

米国へのＭＢＡ留学と異なり、企業内ビジネススクールは働きながら学ぶため、学んだことを職場ですぐに使えるような設計にすることで、働いている間も学びを深めることに寄与します。

ＯＪＴとＯＦＦ－ＪＴの関連性を意識し、実務とカリキュラムの内容を密接に結びつけることが、学習者の意欲を高める鍵です。実務とカリキュラムを結びつけるためのコツとして、ケーススタディの活用やプロジェクトベースド・ラーニングの導入を推奨します。これにより、学習内容が直接業務に反映され、理論だけでなく実践的なスキルも身につけることが可能になります。学習者が直面する実際の課題を取り入れることで、理解と関心が深まり、より有意義な学びにつながります。

各ステップにおける留意すべき点やコツ

前述した８つの要素は互いに関連し合っており、良質なカリキュラム、優れた教員・講師、そして協力的なクラスメイトが適切に組み合わさることで、学習のモチベーションが高まり、質の高い学びが持続する好循環が生まれます。これらの要素のバランスを保つことは、企業内ビジネススクールにおける品質管理の核心と言えるでしょう。

ただし、これら３つの要素のうち１つでも大きく欠けてしまうと、モチベーションの低下が見られることがあります。たとえば、他のクラスメイトが積極性に欠けている場合、グループワークやディスカッションの効果は著しく低下し、結果として全体のモチベーションが低下する可能性があります。また、カリキュラムやクラスメイトが良質であっても、教員・講師が十分な関与を示さなければ、学習意欲は減退します。

運営側としては、1年から2年に及ぶプログラム期間を通じて、特に忙しい時期や健康上の問題が生じる可能性を考慮し、学習者が互いに肯定的な影響を及ぼし合い、継続して学べるような支援を提供することが求められます。このサポートを怠れば、参加者の脱落リスクが高まることになります。

そのため、企業内ビジネススクールの運営規模に応じて、事務局には1人から3人の専任スタッフを配置することが理想的です。これにより、複雑な事務業務を効率的に遂行できます。特にグローバルな運営が求められる場合は、時差を考慮し、年間スケジュールの管理が重要となります。

事務局の担当者としては、社内の多様な部署を横断する広範な関係を持つ人事部門が適任であると考えられます。ただし、新たな知識やスキルが必要になるため、適切なトレーニングを行うことが重要です。また、すべてを社内で賄う必要はなく、Ａｏｂａ-ＢＢＴのような人材育成企業に一部業務を委託することも考慮すべきです。

さらに、事務負担を軽減し、効果的な評価とフォローアップを行うためには、専用のラーニングプラットフォームの活用が欠かせません。たとえば、Ａｏｂａ－ＢＢＴでは独自のラーニングプラットフォーム「AirCampus®」を活用し、高機能な学習支援を実現しています。このようなプラットフォームは、学習状況の詳細な把握やセキュリティ確保にも役立ちます。多くの企業内ビジネススクールでは、コストや専門知識の観点から外部のシステムを採用することが最適な解決策となるでしょう。

2 企業内ビジネススクール設立のロードマップ

計画から開校までの詳細なロードマップ

前項で設計における重要な点について触れたところで、本項ではそこから設立に至るまでのプロセスに話を移しましょう。企業内ビジネススクールの設立は、経営教育の質を高めるための重要なステップであり、計画的で体系的なアプローチが要求されます。

以下に、１年以内に企業内ビジネススクールを開校するためのタイムラインを提案します。

0～3カ月……計画と基盤の確立

〈目的の設定〉

短期、中期、長期の目標を定義し、企業のビジョンと「企業内ビジネススクール」の役割を明確にします。この段階では、学校の基本的な方向性と目指すべき結果に関する合意形成が重要です。

〈ステークホルダーの関与〉

経営層、教育専門家、関連部署のリーダーと協議を行い、学校の方向性を確定します。ここでは、学校の目標が企業の全体戦略に合致していることを確認します。

3〜6カ月……カリキュラムと人材の開発

〈カリキュラムの設計〉

企業文化や必要なスキルセットに基づいて、包括的なカリキュラムを作成します。この段階では、座学と実践のバランス、学ぶべき内容、教育方法の選定が重要です。

〈教員組織の構築〉

適切な教員・講師を選定し、教育プログラムの質を保証します。社内外の専門家を集め、教育内容と教育方法に関する研修を行います。

6〜9カ月……入学基準の設定と教育リソースの整備

〈入学基準の確定〉

目標とする人材像を明確にし、入学基準を設定します。この段階では、学校の目的に合致した学生を選抜するための基準を確立します。

〈施設とリソースの準備〉

教室、学習資料、オンラインプラットフォームなど、必要な教育リソースを準備します。ここでは、効果的な学習環境を整えることが重要です。

9～12カ月……実施と評価

〈学生の募集と選抜〉

定められた入学基準に基づき、学生を募集し、選抜します。この段階では、適切な学生の選抜が学校の成功に直結します。

〈品質保証とアセスメントの導入〉

教育プログラムの品質を確保し、学習効果を評価するためのシステムを導入します。定期的なフィードバックと改善のためのメカニズムの設計が求められます。

開校後……継続的な評価と改善

〈学習プログラムの実施とモニタリング〉

開校後は、教育プログラムの実施とその品質のモニタリングに重点を置きます。学生の進捗とパフォーマンスを定期的に評価し、必要に応じてカリキュラムを調整します。

〈フィードバックと改善〉

学生、教員・講師、関係者からのフィードバックを収集し、プログラムの改善を進めます。この段階では、継続的な改善と革新が重要です。

外部専門機関活用も視野に入れる

企業内ビジネススクールの立ち上げは前述しただけでも膨大な業務量ですが、現実には仮説立てから検証を繰り返し行い、ＰＤＣＡを定期的に行う必要性があるため、自社のアセットのみで行えば1年以上はかかるでしょう。ましてや、企業の人事部門だけでこれらすべての要素を担うことは非常に重い負担となります。

したがって、設計から設立までのプロセスを円滑に行うには、外部から優秀な教員・講師陣を招くノウハウや、企業内人材育成カリキュラムの設計開発運営ノウハウという面で、Ａｏｂａ‐ＢＢＴのような外部チームの協力があるとよいでしょう。

また、教育プログラムの運営にあたっては、Ａｏｂａ‐ＢＢＴが独自開発した遠隔教育システム「AirCampus®」のようなラーニングプラットフォームの活用が効果的です。

このプラットフォームは、講義映像の提供、学習者の進捗管理、教員・講師と学習者の双方による課題の提出管理、成績や修了証の発行など、多岐にわたる機能を備えており、セキュリティも万全です。運営においては、どこまでを内部で行い、どこからを外部に委託するかを明確にし、一丸となって実行に移すことが重要です。

このような総合的な取り組みによって、企業内ビジネススクールはその潜在的な価値を最大限に発揮し、組織全体の発展に貢献することができます。重要なのは、内部と外部のリソースを効果的に組み合わせ、組織の目標達成に向けた統合的なアプローチを採ることです。

3 Aoba-BBTが提案した企業内ビジネススクールの事例

Aoba-BBTの事例

企業内ビジネススクールの設計および設置方法について述べてきましたが、最後にAoba-BBTがこの分野でフロントランナーとしてどのようにしてリードを続けてきたかについてお話しします。

日本の法人研修市場は2014年以降10%の成長を遂げ、個人向けリカレント教育市場も20%の成長を記録しています（図8）。これら右肩上がりの市場の中で、Aoba-BBTはビジネス・ブレークスルー大学や同大学院、アタッカーズ・ビジネススクールなどの高等教

図8　企業向け研修サービス市場規模、リカレント教育市場規模の推移

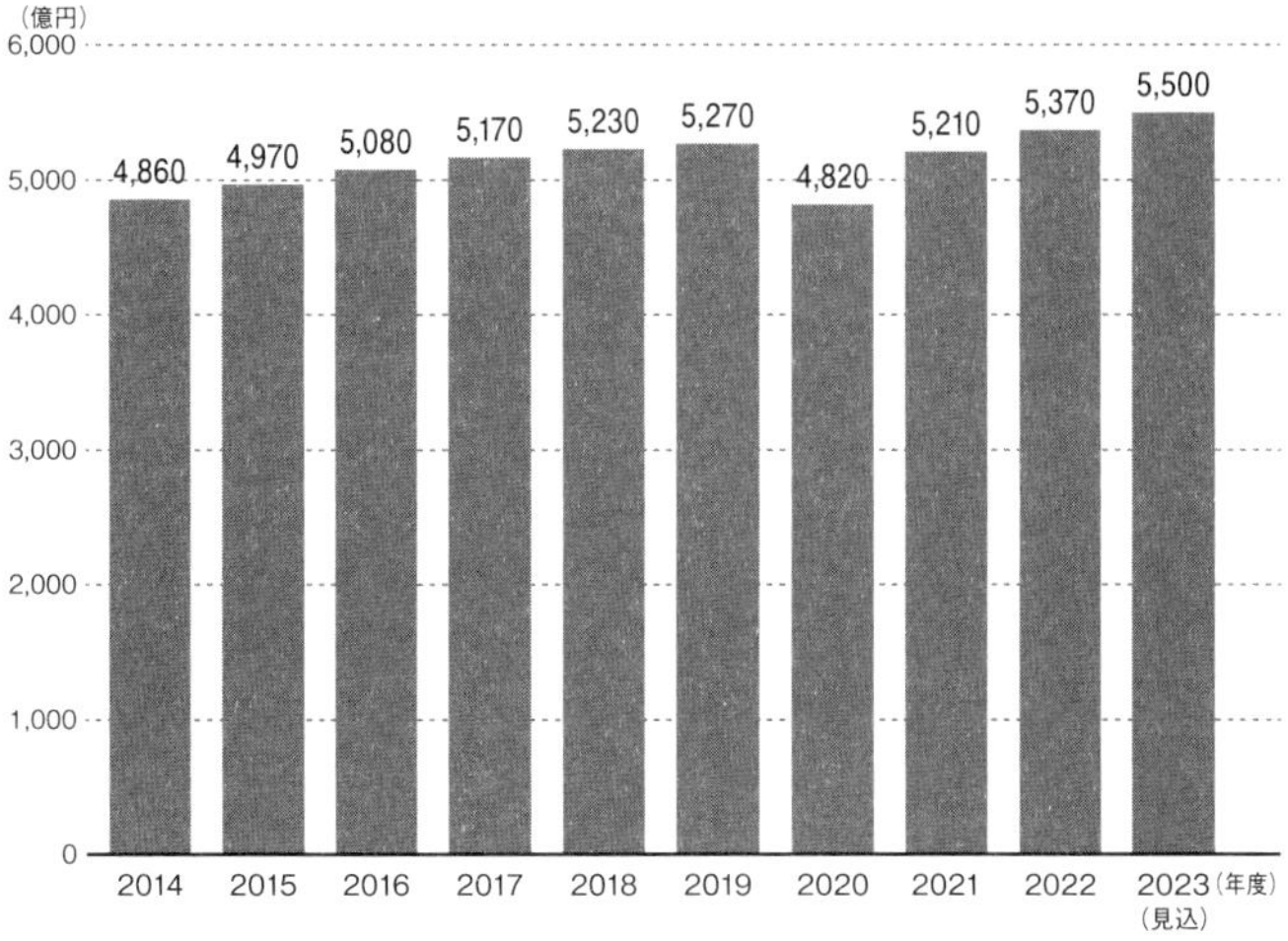

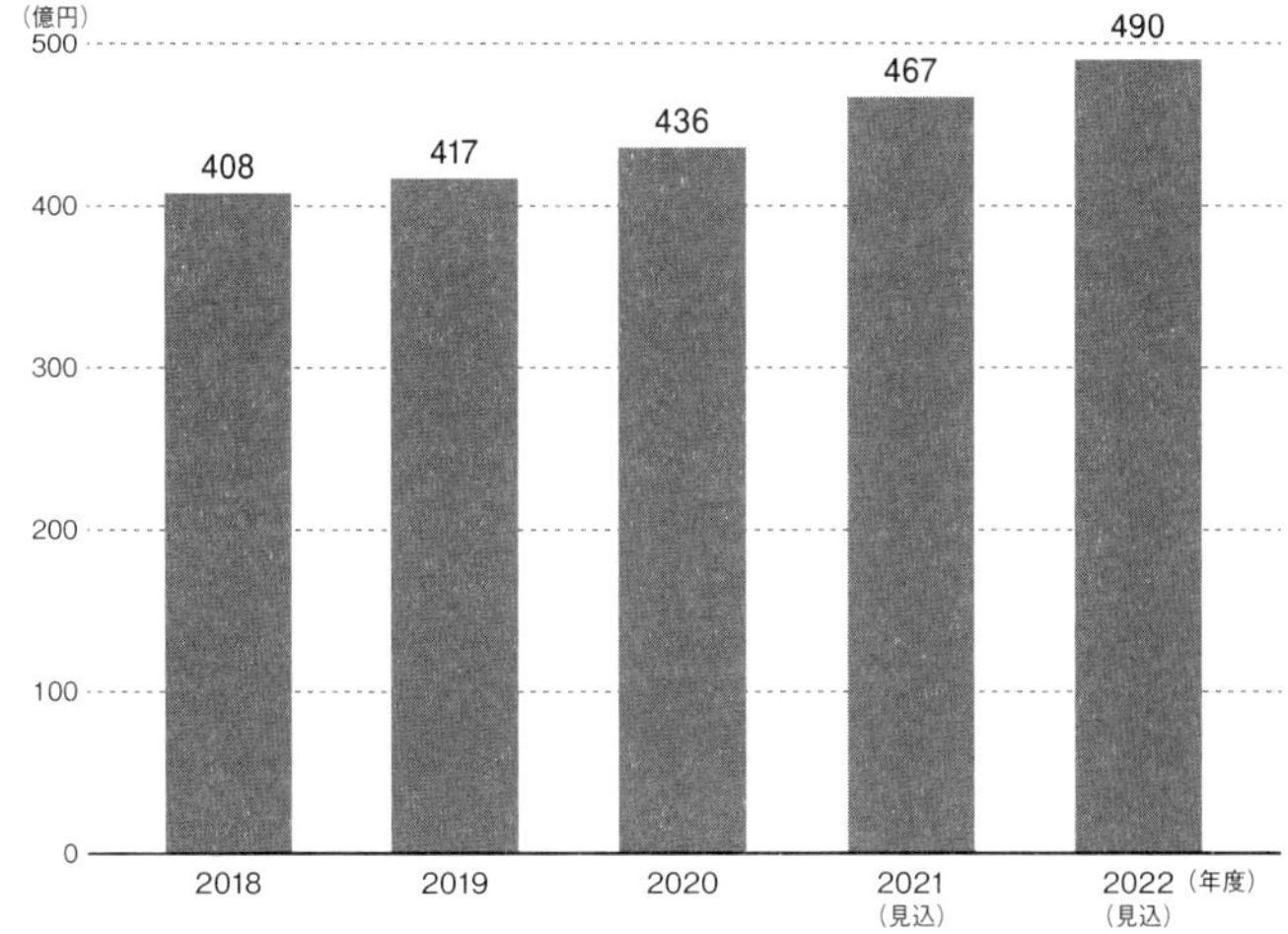

出所：矢野経済研究所調べ

育・起業家養成塾のノウハウを活かし、過去25年間で法人取引先数1000社を超える幅広い産業において人材育成をリードしてきました。

現場担当者から経営層まで多様な層のヒアリングを通じて、人材育成の具体的なニーズと課題を把握し、それに応じたカスタマイズされたリカレント教育プログラムを提供しています。具体的には、デジタル化に伴うスキルセットの変化や、業界の垣根がなくなる中での新たなチャレンジに対応する教育プログラムを設計しており、これにより市場の成長をけん引してきました。

さらに、現場担当者と経営層向けにそれぞれ特化した教育プログラムも提供しています。現場担当者向けのカリキュラムは、職業訓練に必要な科目を中心に再構成されており、実務に直結するスキルの習得を目指しています。一方で、経営層向けのプログラムでは、修士課程および博士課程の教育から、産学連携を促進するための専門分野を選定し整理しています。

これらの教育プログラムでは、実践的な学習手法を重視しており、「演習」「実習」に加え、ケーススタディやアクションラーニングを積極的に取り入れています。このようなアプローチは、米国の心理学者デイビッド・A・コルブの経験学習モデルを基にしており、参加者が実際の業務環境で直面する課題に対処する能力を養うことを目的としています。この教育手法は、企業が実施するリカレント教育にも効果的です。

さらに、専門性が高く経験豊富な教員・講師陣による指導の下、最新の研究成果を反映したカリキュラムが提供されています。これにより、教育内容が常に最先端の知識と技術に基づいていることが保証されます。また、ライブラリーを含む各種学習施設を積極的に利用することを奨励し、これらのリソースを教育プログラムのプロモーションにも活用しています。

そんな中、企業内ビジネススクールの設計において、私たちＡｏｂａ‐ＢＢＴは、明確な目的設定、効果的なカリキュラム、質の高い教育手法の選定、そして継続的な評価と改善が重要であると強調しています。これらの要素は、企業の成長と人材育成において極めて重要な役割を果たし、次世代のリーダーを育成する上で欠かせません。この理解を踏まえて、Ａｏｂａ‐ＢＢＴが提案した２つの実践的な事例を以下に紹介します。

事例①／サービス業（経営管理サービス）

この企業の企業内ビジネススクールでは、選抜された人材の成長加速と人材プールの確保を目指し、サクセッションプランの実施と上位役職への昇格を目標としています。企業の人材戦略としては、幅広い階層での「リーダーシップパイプライン」を確立させ、組織全体の能力強化と将来のリーダー育成を図っています。

カリキュラムは現担当・主任・管理職・部長職の各階層に応じて構成されており、リーダーシップの理想像の構築や、事業変革や組織課題への解決策の立案を目的としたアクションラーニングを実施しています。

このカリキュラムには2つの特徴があります。1つ目の特徴は、カスケードダウンと呼ばれるプロセスを通じて、グループ全体の取り組みから自社の取り組みまでを理解し、その上で研修を行うことです。これにより、参加者は組織全体の文脈で自身の役割を理解し、より効果的な学習と実践を行うことができます。2つ目の特徴は、Aoba-BBTだけに限らず、グループ全体の広範な取り組みやCxOとの対話もプログラムに組み込んでいる点です。この統合されたアプローチにより、参加者は理論と実践の両方を深く理解し、組織内で即時に活用できる知識とスキルを獲得することができます。

具体的には、映像学習により知識水準を高めながら、集合研修では問題解決手法をベースに自組織の課題を抽出し、最適な解決策を立案します。上位層になると現場レベルの問題解決ではなく、新たな価値を自社にもたらすビジョン・戦略立案に重点を置いています。教育手法には講義、ケーススタディ、インタラクティブワークショップ、映像学習、チームベース学習が含まれ、反転学習のアプローチを取り入れています。各クラスでは、主体的業務改善、理想のリーダーシップ像の構築、ならびに、現役職より1段～2段上位役職の視座に立った戦略立案とリーダーシップ能力向上に焦点を置いています。

対象者は昇進が期待される現担当・主任・管理職・部長職であり、サクセッションマネジメントに基づいた選抜基準が設定されています。選抜プロセスは、個人の過去の実績と将来への貢献度を評価し、組織の長期的な目標との相互作用を重視しています。プログラムがもたらした成果としては、参加者の人材要件に基づいた知識・スキルの向上、一部の階層では、プログラム後に上位職への登用試験の挑戦、企業内のポジティブな変化が確認されており、リーダーシップ能力、戦略的思考力、ビジネススキルの顕著な強化が見られました。

事例②／製造業（化学品）

この企業の企業内ビジネススクールの設立目的は、次世代の経営幹部候補の育成です。

カリキュラムは、約1年間かけて実施し、前半3カ月は映像講義を中心に各自に応じたビジネススキルの強化を図り、後半9カ月は経営戦略の立案に取り組みます。経営戦略立案に関しては、映像講義とメンバーでのグループワーク、教員・講師とのアクションラーニングを繰り返し実施することで、戦略的思考の向上に加えてグループワークの中で発揮されるリーダーシップ向上にもつながっていきます。対象者は、人事部と経営企画部で各事業領域の職種から将来の次世代幹部候補としてのポテンシャルを考慮し、人選を行い経営会議にて報告されます。

ビジネススクール自体は、時代に合わせ進化しながら10年以上継続しています。その学びが現場に活かされ、部門を超えた連携だけでなくリテンションにもつながっており、企業全体の成長に寄与しています。

これらのケーススタディから明らかなのは、企業内ビジネススクールが組織全体の戦略的な目標達成に重要な役割を果たし、成功のためには戦略的なカリキュラム設計、多様な教育手法の適用、そして継続的な評価と改善のプロセスが不可欠であるということです。

第4章

次世代人材育成のフロントランナーとの議論

対談によせて～企業内ビジネススクールのフロントランナーたち～

私たちは企業における人材育成の新たな局面に立っています。これまでの章で、人的資本経営の観点から企業における人材育成の変遷を見てきました。変化の激しい現代において、企業は人材育成の内製化を強化し、独自の戦略に沿った人材を育成する必要性が高まっています。特に、企業内ビジネススクールの設立は、この目的を達成するための有効な手段になり得ると考えています。

今回、私は人材育成のフロントランナーとされる3社の経営者や人材育成責任者との対談を行いました。これらの企業はそれぞれ食品・ペットケア、IT、伝統的な金融業界を代表しており、革新的な人材育成アプローチで注目を集めています。

マース ジャパン リミテッドは、非公開の家族経営企業として外資系の強みを活かしつつ、世界で約7兆500億円の売上を誇る食品およびペット関連事業を展開しています。同社は、企業文化を大切にし、従業員を「アソシエイト」として扱い、自立と成長を支援する人材育成戦略を採用しています。これは、人的資本経営における彼らの哲学と組織内のリーダーシップ開発の基盤です。

ＬＩＮＥヤフーは、ソフトバンクから韓国のインターネット巨人ＬＩＮＥとのコラボレーションへとビジネスモデルを進化させています。この進化の中で、歴史的に異なるフェーズを経て、革新的なリーダーシップ開発プログラムを展開し、デジタル革新を推進するリーダーの育成に焦点を当てています。

北國フィナンシャルホールディングスは、地方銀行として特異な経営スタイルを確立し、地元との深い結びつきを活かして地域社会の成長と発展を支援しています。彼らの革新的な人材育成アプローチは、金融サービスの提供だけでなく、地域経済への包括的な支援を通じて実施されています。

これらの対談からは、持続可能な成長と競争力の維持に不可欠な、企業文化と教育の統合の重要性が浮かび上がります。私たちは異なる視点からの洞察を得ることができ、現代の企業がグローバルな競争の中で生き残り、成長を遂げるためには、どのようにして人材を最大の資産として価値を高め、活用していくべきかの示唆を得ることができます。

次世代のリーダーを育て、企業の将来を切り拓くためには、これまでの常識を超えた革新的な思考と行動が求められます。本章では、それを実現するための具体的なアイデアとインスピレーションを提供したいと考えています。

マース ジャパン リミテッド　社長

後藤真一

Goto Shinichi

大学卒業後、シャープ株式会社の営業部からキャリアをスタートし、ジョンソン・エンド・ジョンソン株式会社でグルーミングや嗜好品、化粧品など多岐にわたる製品のマーケティングのリーダーとして手腕を発揮。シック・ジャパン株式会社では18年間の在職中に日本やアジア地域のマーケティング部門長や代表取締役社長など要職を歴任。2020年8月にマース ジャパン リミテッドの社長に就任。

対談①

一人ひとりの成長を会社の成長に直結させる仕組みづくり

パーパス達成のための手段として、人材育成を位置づける

柴田　本日はよろしくお願いいたします。マースは「人」を非常に重視する経営だと聞いておりますが、まずは御社の特徴からお話しいただけないでしょうか。

後藤　マースは米国のバージニア州マクリーンに本社を置く多国籍企業です。グローバルの売り上げが470億ドル（1ドル150円換算で7兆500億円）、従業員は14万人以上とコカ・コーラを上回る規模ですが、1911年の創業以来、約110年以上にわたって非上場を貫いているという非常にユニークな存在です。

現在、パーパス（社会にとっての企業の存在価値）を重視しないと大企業は生き残れないと言われていますが、その意味でマースは非常にパーパス志向です。そして従業員のことを「社員」ではなく、「アソシエイト（仲間）」と呼んでいます。「アソシエイトコンセプト」の下、アソシエイトは「会社がパーパスを実現するための同志」と位置づけられ、資本は別として、「権限と自由を与えられて責任を果たす」という建て付けになっています。ある意味、コンサルティングファームに似ているかもしれません。

そして、一般的に「バリュー(企業として大切にしている価値観・行動基準)」と言われているものに相当する「マースの五原則」があります。私はこれまで何社もの外資系企業に勤めてきましたが、マースほど一人ひとりのアソシエイトにバリューが浸透している会社を見たことがありません。最近、20年ぶりにアップデートがあったのですが、最初に創業者が考えたことが脈々と引き継がれており、現在のアソシエイトにも浸透しています。

パーパス、そして、この「アソシエイトコンセプト」「マースの五原則」が非常に重要で、この大きな枠組みの中の一つの手段として、アソシエイトの学びと能力開発を担う人材育成機関である「マース ユニバーシティ」があるのです。

柴田　そうした考え方の下で人材育成をしていらっしゃるという事例は、大変価値のあるものだと思います。

後藤　マース ユニバーシティについて詳細な話に入る前に、人材育成の前提となる「目標設定と評価」について触れたいと思います。目標設定のフォーマット上には「from」と「to」という欄があり、現状認識とチャレンジしてなりたい姿やキャリアアスピレーション（将来のキャリアへの願望）を基にした能力開発エリアの特定を、上司と相談しながら決定します。

私もそうですし、私の上司になるアジア地区のプレジデントや各事業部長も、その年の目標を決めて合意するのですが、仕事上の目標以外にディベロップメント（能力開発）の目標が課されています。これには「70：20：10」と呼ばれる割合があり、7割は業務や任務を通じて、2割はエキスパートやロールモデルコーチ、メンターからのフィードバックを通じて、1割はコーポレートユニバーシティ（マース ユニバーシティ）やセルフラーニングなどの座学を通じて自身のディベロップメントを実現するのですが、私は非常に理に適った割合だと思っています。

柴田さんは海外のビジネススクールを出られていますが、日本との教育のギャップに苦しまれたのではないでしょうか。私も日本で受けた教育を振り返ってみると、「世の中に出てよりよく生きていくために必要な力をつける」、そして「世界で対等に対峙していく力量をつける」という観点では、多くの改善点があると感じました。ロジカルシンキングやプレゼンテーションといった真の意味で自ら考えて意見を持つ力など、西洋人と仕事をする上で必要な教育を受けてこなかったと思うのです。マース ユニバーシティでは、そういったことも含め、あらゆるジョブレベルや部署に対するメニューが充実しており、各個人の能力開発に応じた学びを選ぶことができるようになっています。マースユニバーシティ以外の、より一般的な内容の学習コンテンツとしては、オンデマンドでの学習機会をサポートするために最近はオンライン学習プラットフォームである「LinkedInラーニング」のサービスともグローバルで提携しています。「LinkedInラーニング」のすべてのプログラムが受講可能となっていて、中には日本語で受講可能なものもあります。

ここで誤解していただきたくないのは、我々が定義しているコーポレートユニバーシティは、あくまでも社員が責任を果たして成長していくための手段の10％に過ぎず、これだけでは幹部を育てることはできないと私は思っています。この10％をきっかけに、さらにいろいろな枠組みやケースを勉強したり、実際のプロジェクトなどの仕事を通して気づきを与えたりすることが、本当の意味での成長に必要なのです。

マースはハーバード・ビジネススクールとも提携しており、私のような各国のＧＭ（ゼネラルマネジャー）や、本社のＶＰ（バイスプレジデント）以上が受けるカリキュラムも用意されています。一つの例として「ＶＵＣＡエッセンシャルズ」というプログラムに参加したのですが、半年間、毎週1回ライブで講義がありました。日本は時差の関係で夜の10時ぐらいから始まります。毎週『ハーバードビジネス・レビュー』の記事をいくつか読んで、ポッドキャストやビデオなども見て授業に出るのですが、ライブでハーバード・ビジネススクールの教授が登場してきて、意見を求められることも当然あります。

また、その授業では、チームで課題に取り組むこともあって、設定されたテーマについて自分たちで課題への提言をまとめてプレゼンテーションをしたり、卒業時にはチーム全員が登場するプレゼンテーションビデオを完成させたりと、座学にとどまらない実践的でチーム同士で競争もあり、おおいに盛り上がる大変記憶に残るプログラムでした。

「VUCAの時代に、企業はどのようにして生き残るべきか」という非常に広いテーマなのですが、私のようにマースの外から来た立場では、マースのよいところ、よくないところの両面が見えるので、率直に話し合ってプレゼンをします。たとえば、「イノベーション」という項目があるのですが、ご存じのように社内だけではなかなかイノベーションが生まれない時代だと言われています。マースは内部志向が強い会社なのですが、特にデジタル関係のテクノロジーは全部外部から入ってきますので、オープンイノベーションでいろいろな人と協業したり、一緒に新しい会社をつくったりするなど、「外のものを柔軟に取り入れる企業文化が必要だ」といったことを我々のチームでは提言しました。そんな研修を受けているのですが、これもあくまで10％の中の一部です。

柴田　弊社はグループ内でいろいろな教育プログラムを提供しており、その中でインターナショナルスクールなども運営しているのですが、現場には「先生は授業中に20％以上しゃべってはいけない」と言っています。なぜなら、先生から学べることは多くて20％までであり、それ以上は一人ひとりの学習者が個人で探求し、好きなことをどんどん深掘りしていったり、クラスメート同士でディスカッションしながら学んだほうが得られるものが多いと考えているからです。先生が最初から最後までずっとしゃべり続けてはいけないのですよ。

後継者育成のための目標設定とマインドセット

柴田　では、後継者育成の観点では、どのような取り組みをなさっているのでしょうか。

後藤　マースの後継者育成計画は、外資系企業でよく見られる方法を採用しています。

マース ジャパンもそうですが、マネジャー以上の一人ひとりを「パフォーマンス（成果）」と「ポテンシャル（ラーニングのタイプとアスピレーション）」の2軸で捉え、マトリクスのどこに位置しているのかを上司がレコメンド（推薦）してリーダーシップチーム全員で一人ひとりの評価を合意します。最低年に1回、最近は四半期に1回アップデートしています。

重要なのはそこから先で、たとえばAさんがその部門の部門長になれるのかなれないのか、それが1年後なのか3年後なのか、もう少し先なのかということと、改善すべき点と強化すべき点について、上司やそのまた上司がAさんとも話し合って、70：20：10の具体的なアクションに反映していくのです。

このような毎年のレビューを通して後継者を育てていきますし、外資系ですから私のように外から採用される場合もあるわけです。グローバルで見ても、CEOになるような人材は社内から上がっていきますが、かなり高い役職でも外から来る。たとえば、マースのペットケア事業部のグローバルプレジデントは、ちょうど私と同じときに外部から来た方です。また私がかつて従事したグローバル日用雑貨メーカーのリーダーシップチームにはP&Gやロレアルで働いた経歴を持った方が少なくありません。

柴田　先ほど後藤さんは、コーポレートユニバーシティでのディベロップメントは10％に過ぎないとおっしゃいました。それをどのようにに文化やバリュー、パーパスにフィットするコンテクスト（文脈）で使いこなせるようになっていくのかは、やはりメンターや先輩、上部エクスペリエンスなどによって、実践力を身につけていくしかありません。マインドセットとナレッジとスキルと実践力のうち、ナレッジやスキルの部分はインプットのカリキュラムでカバーできたとしても、「マインドセットや実践力は一人だけでは部分的にしか得られない」という考え方は、そのとおりだと思います。

このような考え方を打ち出して、それを実践している企業は少ないはずです。アソシエイトの話、マースの五原則、そして能力開発プランの概要を伺いましたが、アサインメント（仕事の割り当て）とエクスペリエンス（体験）が人を伸ばしていく非常に重要なポイントであることをはっきり示しており、御社の経営方針に沿った構成だと思いました。

後藤　柴田さんがおっしゃったマインドセットの部分は、マース ユニバーシティではあまりカバーしていないことを改めて認識しました。たとえば、リーダーとしての考え方や心構えについて、マネジャー向けの教育プログラムがあるのですが、シチュエーショナル・リーダーシップ（一人ひとりと向き合い、能力や状況に合わせてサポートすること）や、タフなカンバセーション（対話）をどう部下とするかといったカリキュラムの内容は、テクニック面が中心です。部下には「迎合するだけではなく、チャレンジしなければ伸びない」ということを教えるのですが、リーダーはそもそもどういう存在であり、どうあるべきかについての考え方は、実はあまりカバーされていないかもしれません。

一方で、教育以前に、ジョブレベルに関係なく、「自分が自分の仕事の中でどうリーダーシップを発揮するのか」が、アソシエイトにも期待されている企業文化です。マースの考え方のエッセンスには、アソシエイトコンセプトやマースの五原則の他に、もう一つ「ピープル・リーダーシップ」があるのですが、これはマネジャーに限らず「すべてのジョブレベルの人がリーダーシップを発揮する必要がある」というものです。これはマースが非上場企業であることと大きく関係しているのですが、一人ひとりのアソシエイトが「自分は雇われの身だから、言われたことだけをすればいい」と考えていたのでは、ものごとは動きません。

そこでリーダーシップを発揮しやすいように、必要なコンピテンシー（行動特性）をわかりやすく示してあります。これはコンサルティング会社であるコーン・フェリーの本をベースにしているのですが、38のコンピテンシーの中から、どのコンピテンシーが自分の仕事には必要なのかを特定していき、まずはそれを身につけることで、自分の仕事の中でどのようにリーダーシップを発揮していけばよいのかを考えてもらいます。ジョブレベルがシニア（上級）になるほど、ビジョンやエンゲージメントを会社全体で上げるような、より高度な、テクニカルではないことを要求する内容になっていて、たとえばカレッジ（勇気）のようなマインドセットに近いコンピテンシーもあります。

柴田　とてもよくわかります。経営陣がそのようなコンピテンシーのキーワードを日常

の業務の中で発していると、それがいかに重要なのかがアソシエイトによく伝わり、その継続の先にマインドセットの根底ができていくものです。

後藤　正式な評価の際には、ラインマネジャーからフィードバックをもらう仕組みなのですが、38のコンピテンシーからピックアップして、紐づけてフィードバックするような習慣ができていて、非常に効果的です。共通言語でスキルやコンピテンシーが語れて、フィードバックもできるので、アソシエイトとラインマネジャー、あるいはメンターとの間での誤解が少なくなります。

柴田　たとえば、カレッジについて「平均レベルよりもできているので、続けていこう」とか「改善しよう」といった方向感もフィードバックするのですか。

後藤　「ストレングス（強み）」と「ディベロップメント・オポチュニティ（能力開発の機会）を進化させるための具体的なアクション」と「アクショナブル（行動につなげる）なこと」の3点をフィードバックしています。ディベロップメントのプランにどういうものを選ぶかは、本人の問題意識と上司との対話が基本です。本人がこうしたいというものを1つか2つ出すのですが、上司は「強みの強化なのか、改善点のチャンレンジなのか？　今年中でどこまで達成したいのか？　それは適度にストレッチな目標設定になっているか？」といった具体的なフィードバックをして、双方が年末までに達成した姿に納得するまで話しをします。このとき、どのように取り組むのかを70：20：10で決めていくのですが、これがなかなか大変です。

柴田　38種類もあると、コンピテンシーを選ぶのも大変ですね。

後藤　そうですね。そこで2つの観点で考えていきます。まず業績目標から、「今年はどういうプロジェクトをどんなタイミングでやるのか」をリストアップし、それをその年の能力開発の機会を使って、どのようにしてよりよいものにしていくかという観点です。もう1つの観点が、アソシエイト一人ひとりのアスピレーション（願望）を聞いた上でのアドバイスです。

自分の課せられた仕事をうまくこなすだけでなく、その次の自分のキャリアや担いたい役割にも紐づけて、かつ業績目標もうまく達成するためには、どのコンピテンシーを選べばよいのかを、まずアソシエイトが自分で考えます。そして、一歩踏み込んだアドバイスを受け止めてチャレンジすることを認識した状態で、それをその年のプロジェクトでどのようにして達成していこうかと考えるうちに、絶対に必要となるコンピテンシーが浮き彫りになってくるのです。

単にフィードバックをベースにして能力開発を選ぶと、何年も課題を持ち越し続けることにもなりかねません。そうではなく、「業績目標や自分のアスピレーションをしっかり達成したいから、このコンピテンシーを選んだのだ」という腹落ちした状態にする。すると自分が成長主体になってくるので、取り組みも腹落ちした状態で始められる。そして経験のあるメンターと進捗を確かめながら前に進んでいきます。

ひと味違うSMARTで目標を設定

後藤　目標設定では、よく「SMARTの法則」が用いられています。これは「Specific（具体性）」「Measurable（計量性）」「Achievable（達成可能性）」「Relevant（関連性）」「Time-bound（期限）」の頭文字を取ったものですが、弊社はこのうちのMがMotivating（やる気を起こさせる）で、自分が立てた業績目標や能力開発目標が、自分の成長した姿や達成した姿、そしてビジネスに貢献している姿をイメージしてワクワクできるかを非常に大切にしています。ちょっとした仕組みの違いによって、アソシエイトの自主性を促しているのです。

柴田　そうですよね。アソシエイトの立場なら、強みや達成したい点、組織に対しての貢献について客観的なフィードバックをもらった上で、さらに伸ばすための方向性を示してもらうと、その先に何かいいことがありそうだなとワクワクできます。

後藤　Motivatingなら、いいことがあると思える。ところがMeasurableと言った瞬間に、すごく数値的でつまらなくなって、やらされ感も出てくるものです。私も若いころはそうでしたし、日本人にはあまり馴染みがないから苦手だと感じやすい。

ただ、Motivatingを重視する場合には、自主性を引き出すラインマネジャーの力量が問われます。たとえば、プロジェクトのディスカッションで「総論賛成、各論反対」の意見が出たときに、リーダーとしてうまくファシリテーションできないという悩みを部下から聞いたとしましょう。どうすればうまくファシリテーションができるのかをモチベーションにしている場合であれば、自然に「できたらいいな」と思っているはずなので、それをうまく引き出すコミュニケーションが必要です。ここで上から「あなたはファシリテーションが弱いから、強化しなければいけません」と一方通行の話になると、本人と上司や会社が合意しないままの状態が続いてしまって、やる気も出ず、結果的には身につかないでしょう。

なお、これがリーダーになったばかりの人ではなく、シニアやサクセッションプランの下で部門長になる立場であれば、まったく違ったコンピテンシーのスキルが必要になってくるわけですから、本人の希望だけではなく「絶対」に向き合わなければならないコンピテンシーに取り組む必要が出てくることもあります。特に部門長や私のようにGM以上になってくると、強みだけではなかなかリーダーの仕事を回すことができませんし、座学よりも経験で学習することが多いので、Motivatingだけでは乗り越えにくくなるものです。

柴田　私も部下のフィードバックをする立場ですから、よくわかります。たとえば、頭の中でとてもよい分析や考察をしていて、こちらから聞くと見事な回答ができるのに、いつもは黙っている後輩がいました。「もっと発信したらいいのに」と、WHATのところはフィードバックしてあげられても、どうすれば改善できるのかというHOWがなかなか難しい。手取り足取り教えるのもなんだか違う気がしますし、そもそも本人がその気にならなければダメなのかなと逡巡することもあります。このような場合、御社ではどのように対応していますか。

後藤　WHATはタスクやプロジェクトのような実践の場において、「どんなアプローチをすれば目指せるだろう？」「これが達成されたとき、どんなふうになっているだろう？」というように、ラインマネジャーがガイドしていきます。「しなさい」ではありません。その中でHOWについては、38種類のコンピテンシーをベースに話をするようにしています。コンピテンシーの一覧には、さまざまなファクターが、思考、結果思考、対人、自己管理などに分類してあります、一個一個のファクターにはグッドティップスを含む解説があり、たとえば「複雑な状況への対処」だと、結果ではなくて、うまく対処できている人の振る舞いや行動が例示されているのです。

このようなフレームワークがないと、自分で考えるのはとても難しい。日本人がなかなか苦手な目標設定も、言語化できるので現在地がわかりやすいし、いわゆるヒューマンスキルも「あっ、こういうことか」とわかるわけです。

私のようにシニアレベルの役職であっても、非常に支えになるし気づきも出てくるものです。自分が悩んでいたことや不足していることも、これを読むと浮かび上がってくるので非常にいいツールだと思います。600ページ程度あるので、特に一般レベルのアソシエイトだと、始めのころは「読んでいられない」となるのですが、共通言語なので進捗や現在地がわかり合えて、適切にフィードバックを受けられるツールでもありますから、何度も読み込むことで、自身や他者についてなんとなく感じていたことを言語化して上司や部下と対話するうちに極めて有効なツールであることが実感できるようになります。

柴田　これはリーダーシップをとるようになる前からではなく、全アソシエイトが使え

るようになるものなのですね。

後藤　そうですね。一方、先ほどお話ししたように階層別で使うコンピテンシーは違ってきます。例に挙げた「複雑な状況への対処」というのは、マネジャーやシニアレベルが求められることであって、一般のアソシエイトはカスタマーフォーカスやコラボレーションといった基本的なスキルの優先順位を上げて習得してもらいます。

また当然、R&D（研究開発）、マーケティング、ファイナンスなど担当領域によってコンピテンシーは異なります。各ジョブディスクリプションの中に、38のコンピテンシーの中のどれが必須なのかを特定してありますので、基本的にはまずそれを身につけるところから能力開発がスタートします。

業務の中でどのようにして学ぶのか

柴田　70：20：10に則って、自分の業務時間の10％を充てて学んでいき、20％と70％は実際の仕事の中で学びの目的を見出していくということだと理解しました。自分の仕事の中で100％見出すことができれば問題ないと思うのですが、そうでない場合はどうなるのでしょうか。たとえば、マーケティング部門で「数字が弱いので会計のことを学んで数字に強いマーケターになりたい」と考えているアソシエイトもいるはずです。

後藤　マーケティングの担当でも、当然ファイナンスの知識がなければプロジェクトマネジメントに参画することはできません。そこでプロジェクトの中で具体的に「〇〇のファイナンシャルスキルを上げたいと思います」というような目標を立てます。これに対して会社は、まずは目下のプロジェクトにおいて投資に特化して関わる機会を提供する。たとえば、人的資源について、あるいは工場の生産計画とそれに基づいた原材料費について理解してもらうのです。

こうしてプロジェクトで取り組むことを一つ決めた後に、マース ユニバーシティのコンテンツの中から「ファイナンス・ベーシック」のようなものを受講するように勧めます。ファイナンスのディレクターやアソシエイトに相談すれば、適切なコンテンツをアドバイスしてくれるはずです。

それ以外にも、一般的なファイナンスのトレーニングであれば、先ほどご紹介したように「LinkedInラーニング」の中の、たとえば「財務」とキーワードを入れて動画教材を探し出し、マイクロラーニングでどんどん勉強していくのです。

マース ユニバーシティと「LinkedInラーニング」は、あくまで10%のところですので、70%の中で学びのために取り組むための具体的なプロジェクトを選び、その中でどう10%の学びの実践を組み込んでいくかが重要です。実際に体験して「ああ、なるほど。こういうことか」ということがわかってきたら、他のプロジェクトにも広げていきましょうという展開になります。

ただ、こうした過程で「成長しているかどうか、方向が正しいかどうか」を知ることも不可欠です。20%で特定しているフィードバックのためのメンターは、目標を立てたときにマネジャーと合意して決定していますが、つい話す機会を設定し忘れてしまいがちなので、四半期ごとにあるラインマネジャーのレビューの前に、メンターと会うように呼びかけています。

メンターはアソシエイトが主体的に選ぶ

柴田　メンターはどのようにして選ぶのでしょうか。また、セッションはどれぐらいの頻度で行うように推奨しているのですか。

後藤　サクセッションプランニングにおけるメンターと、各アソシエイトにつけているメンターとでレベル感は若干異なるのですが、基本的にはすべてのアソシエイトはある程度自分でメンターを選びます。適切なアドバイスをくれそうな人は誰か、同じ課題を乗り越えた経験がある人は誰か、上司も助言しますが、全然知らない人を勧められても大多数のアソシエイトは脱落してしまいます。一方で、「この人とつながりたい」「この人のアドバイスを聞きたい」というモチベーションがある場合は、かなり頻繁に話を聞きに行くものです。

セッションの頻度は決まっているわけではなく、トピックによっては本当に細かくセッションを設ける人もいますが、先ほど触れたようにラインマネジャーのレビュー前に会っていれば少なくとも3カ月に1回になります。

柴田　後藤さんのようにシニアの方の場合は、どのようなメンターがつくのでしょうか。

後藤　私の場合、3年半前に他の会社からマースに移ってきて入社1年目でGMに就いたわけですが、マース ユニバーシティの中にある「ニューGMプログラム」を受講しました。そのプログラムの中にはメンターがつくことも含まれていて、外部のプロの方でした。それとは別に社内のメンターもシニアな方にお願いをしました。一般のアソシエイトと同じように上司などいろいろな人と話しながら1人か2人を決めます。

また、シニア向けの特定のプログラムが始まると、同僚か部下を5〜6人ピックアップし、自分のリーダーシップのスタイルについてアンケートで答えてもらい、明らかになった強みや課題、自身が思う自分と他者から見た自分のギャップやチャレンジについ

て、プロのメンターと話をします。このときメンターは必ずしも答えを教えてくれるわけではなく、決めるのはやはり自分です。会話の内容も含めて、この機会を生かすも生かさないのも本人次第なのです。

柴田　外部のメンターはずっとつくのですか。

後藤　期限は決まっていませんが、1つのプログラムが最大半年ぐらいなので、その間に5～6回は話すことになります。

柴田　1on1ミーティングのトリガーについていろいろな会社に尋ねてみたのですが、2種類あるようです。1つが、「四半期に1回、1on1ミーティングをしましょうね」と一般

アソシエイトと上司が申し合わせてアポイントをとり、会社のほうでフレームワークをつくってあげるパターン。もう1つは、自分のキャリアなのだからアソシエイトが1on1をしたいと思ったときに自分から相談に行くような、あくまでも自主性に任せているパターン。どちらがよい悪いということではなく、御社ではどちらかというと後者の進め方ですか。

後藤　もちろんそうなのですが、マースでは定期的なダイアログの習慣ができています。そうでないとビジネスや個人のディベロップメント上の進捗の誤解が上司との間で生じたり、チームとして進捗がわからなくなるからです。ただ、その頻度や方法は上司によって異なったり、相手によっては部下の自主性を重んじることを優先する場合もあります。ほとんどのアソシエイトが2週間から4週間に1回は上司や部下と話をしているはずです。

効果的な1on1ミーティングとは

柴田　日本人がいきなり「1on1ミーティングをしなさい」と言われると、上司に対する業務報告会みたいになってしまいがちではないでしょうか。本当は相手の育成・成長のためのフィードバックや壁打ちをすることが趣旨のはずなのに、「先週はどんな仕事をしたのか」とか「予算はどうなっているのか」といった話になって困っているという相談を私も受けることがあります。そうなってしまう背景は、2つあるように思います。

1つが、日頃から関係性が深い場合には、1on1ミーティングでの話題がないからです。もう1つが、フィードバックプロセスといいますか、必要なスキルとナレッジのトレーニングを受けていないのに、いきなり会社から「1on1ミーティングをしなさい」と言われてしまうからで、何を話していいのかわからず、いつもの会議で聞いている質問をしてしまうわけです。このような状況に陥っている方に対して、何かアドバイスがあればぜひお願いします。

後藤　マースには「グレイト ラインマネジメント」という考え方があり、「すべてのアソシエイトは優れたラインマネジャーを持つ権利を持っている」と謳っています。「アソシエイト一人ひとりの成長が会社の成長に直結している」という前提があり、アソシエイトの成長を促すのはラインマネジャーです。ラインマネジャーがとても優れていると、個人の会社へのエンゲージメントや成長が非常に促されると考えています。そこで、「どのようにしてグレイトラインマネジャーをつくるか」という考え方の下、年間の目標設定のプロセスにおいて、パフォーマンスとディベロップメントの指導係をラインマネジャーにして、業務進捗だけでなくディベロップメントの会話を増やすようにしています。

1on1ミーティングの相手である上司が経験不足であったり、ディベロップメントの知識がなかったりすると、ただの進捗報告で終わってしまいます。そこでマースでは、ラインマネジャー側から「何に困っているのか」を聞いた上で、それをどうサポートするのかという話をするようにしています。我々はシチュエーショナル・リーダーシップを大切にしていますので、ラインマネジャーはアソシエイトがまだ若いとかスキルが低いとかいったことで生じる課題を問題視するのではなく、アソシエイトがプロジェクトを進めるために「どんな後押しをしようか」「自走できるだろうから、ここはあえて距離を置こう」といったことをしっかり把握し、本人とも合意をした上で、時間を割くべきタイミングで心配ごとを聞くようにします。この関係が続いていくうちに、アソシエイトのほうから不安を打ち明けるようになる。だからこそ、1on1ミーティングは頻回に行うことが一番重要だと思います。

柴田　本日はマースおよびマースジャパンの具体的な取り組みについてご紹介いただき、ありがとうございました。

対談を終えて

私は、マースジャパンの後藤真一社長との対談を通し、世界で約7兆500億円の規模を誇る食品およびペット関連事業を展開する非公開のファミリー企業としてのマースの戦略的な人材育成アプローチについて深く理解しました。

このグローバルメーカーは、各社員を大切にする企業価値を伝授し、グローバルに共通する人材育成の方法を実践しています。特に印象的だったのは、従業員を「アソシエイト（仲間）」と呼び、企業のパーパス達成のための同志と位置づける文化です。これは、アソシエイトに対する責任と自由のバランスを重視し、個々の成長が組織全体の成果につながるよう設計されています。

また、後藤氏が説明した「70：20：10」の学習モデルは、ＯＪＴからも部下との関連性を深めながら、実践を通じた学びが大部分を占めることを示しており、これが実際の業務と深く結びついている点が印象に残りました。リーダーシップに求められる素養や日常生活での学びが重視され、ＯＦＦ‐ＪＴだけではなく、職場での経験からも多くを学ぶというアプローチを採用しています。

人材育成においては、目標設定と評価のプロセスが中心的な役割を果たしています。ここで大切なのは、アソシエイト自身が自己成長に向けた意欲を持ち、それを目標設定に反映させることです。後藤氏の言葉から、個人の能力開発と組織の目標達成が一致することの重要性を改めて感じました。

マースの「ＳＭＡＲＴ」目標設定法における「Motivating」の概念は、単に数値目標を追求するのではなく、個人のモチベーションと企業のビジョンを結びつけることの大切さを示しています。これにより、アソシエイトは自身の成長が組織の成功にどのように貢献するかを理解し、より意義ある目標に向かって努力することができます。

私が対談から学んだ最大の教訓は、個人の成長と組織の成長を直結させるには、戦略的かつ統合的な人材育成アプローチが不可欠であるということです。マースのような大手グローバル企業の実践は、業界を問わず多くの企業で有効に活用できる可能性を示しています。個々のアソシエイトが自身のキャリアと組織の目標を同時に追求することで、企業は持続可能な成長を遂げることができるのです。

MARS

LINE ヤフーアカデミア 学長

伊藤羊一

Ito Yoichi

アントレプレナーシップを抱き、世界をより良いものにするために活動する次世代リーダーを育成するスペシャリスト。LINEヤフーアカデミア学長として、次世代リーダー開発を行う。また、2021年に武蔵野大学アントレプレナーシップ学部（武蔵野EMC）を開設し、学部長に就任。2023年6月にスタートアップスタジオ「Musashino Valley」をオープン。「次のステップ」に踏み出そうとするすべての人を支援する。著書に60万部のベストセラーになった『1分で話せ』（SBクリエイティブ）など。

対談②

トップリーダーを育てるには、「教える」ではなく「対話する」

企業の歴史や状況によってコーポレートユニバーシティの目的も変わる

柴田　まず、伊藤さんが学長を務めるLINEヤフーアカデミアについてご紹介ください。どのような背景で誕生し、現在に至っているのでしょうか。

伊藤　現在のLINEヤフーアカデミアのかたちになった経緯を説明します。2014年の初夏、当時のヤフー代表取締役社長だった宮坂学氏（現・東京都副知事）から、「社員の才能と情熱を解き放つんだ」との思いで企業内大学のプロトタイプをつくり始めたというお話を聞きました。その年の8月になかなかうまくいかないということで相談に見えられたので、私なりの考えをお伝えしたところ、次は人事の責任者と2人でいらして参画を打診されました。私は当時、総合事務用品メーカーであるプラスの執行役員だったのですが、翌2015年4月にヤフーへ転籍し、「Yahoo!アカデミア」の学長として携わることになりました。当時はほぼ何もできていない状態だったので、全体の枠組みの大部分を私がつくりました。

その後、ヤフーとLINEの経営統合によってZホールディングスができたことに合わせて「Zアカデミア」と名前を変え、さらに2023年10月、LINEとヤフーが合併してZホールディングスがなくなったため、現在は「LINEヤフーアカデミア」という名称になっています。このように現在までに二度の名称変更があったのですが、その都度、中身も変わりました。

まずYahoo!アカデミアは完全に「ヤフーの将来のトップリーダーを育成する」ことを目的としていたため、社内の各レイヤーからリーダーを選抜しました。部長層や課長層は希望者の中から選抜していたのですが、一番上の役員になるゾーンは否応なしに招集して、「将来のトップを育てていく」という明快なミッションを持って運営していました。ですから、いわゆるコーポレートユニバーシティというよりも、とにかくトップを育てていくための養成所みたいなものでした。

Zホールディングスになってからは、LINE、ヤフー、ZOZO、アスクル、一休、PayPayといったさまざまな会社がグループの中に入り、各社が独自に人材育成の取り組みを進めていたため、Yahoo!アカデミアをそのままのかたちで続けることが難しくなりました。そこで、「Zアカデミア」と名前を変え、各社の社員が学びたいことをアラカルトで提供する講座やコンテンツをどんどんつくっていくことになりました。たとえば、「デザイン入門」「金融入門」など1年間で200ぐらいの講座をつくりました。

そして2023年10月にLINEとヤフーが合併して同じ会社になったため、「LINEヤフーアカデミア」となりました。Zアカデミア時代のコンテンツは残しつつ、将来のリーダーを輩出するために以前のYahoo!アカデミアのような役割も果たしたいと考えて運営しています。

ヤフーはもうすぐ創立30年になるのに対し、LINEはまだ10年少々と、会社の歴史が異なるため、人材育成やリーダー育成の感覚も少し違っています。今すり合わせている最中ですが、次の経営者になるゾーンはやっぱりここのプールから出していかなければいけないと考えていて、プロトタイプで試しながら本格始動の準備を進めているところです。

このような変遷があったのは、会社の置かれた状況や時期によって、育成の内容や目的が異なるからです。ヤフーの日本法人ができたのは1996年で、約20年経った2015年にYahoo!アカデミアが立ち上がったのですが、このときは単独の組織であり、すでにYahoo!のサービスは確立して会社も大きくなっていました。それまではトップリーダーの育成など考えなくてもよかったのですが、これからは育成していかなければいけないと感じたわけです。このときは、ヤフーのトップリーダーを育成していくために本部長、部長、課長層の中から候補者を選抜して、彼らと1年間合宿などをしながら対話していくというプログラムをずっと続けていました。Ｚホールディングスになってからは、一般に言われる企業内大学のようなかたちで、アラカルトでいろいろな講座をつくりながら、現在に至っているわけです。

柴田　スタートアップの時期、成長期、円熟期、そして産業によっては衰退期など、組織のフェーズが変われば、求められるリーダー像も変わってくると思います。事業戦略も、イケイケドンドンなのか、収益性やマーケットシェアを狙っていくのかなど、フォーカスが変わってくる。当然、リーダーになる人に求められる素養や、素養を身につけるために必要なマインドセット、スキル、ナレッジ、実戦力といったものも変わってくると思います。今教えていただいた30年の変遷は大変腑に落ちますし、今後コーポレートユニバーシティを考えていく企業にもすごく参考になる事例だと思います。

スキルのように教えられないマインドは、ひたすら対話を続けて培う

柴田　現在、LINEとヤフーが1つの会社になって、出自や社歴が異なる2つの会社の社員が一緒になり、よりよい人材養成のスクールをつくり、本当の意味でリーダーを育成していこうとされています。オーナーシップを持って携わっている伊藤さんは、どういったことを考えてきたのでしょうか。

伊藤　LINEヤフーという会社がこれからどうやって勝ち筋をつくっていくのか。昔だったら「こうすれば通用する」という法則があったように思いますが、現在では通用しません。10年前にYahoo!アカデミアができたときも、すでにヤフーがこれからどうやって勝っていくのかが見えない状態になっていたのです。インターネットサービスもウェブ1・0的な領域ではもう飽和状態になっていて、みんなが携帯電話を持って色々なサービスを使っている中で、「正解」はインプットとして与えられるものでは恐らくありません。一方で、必要なスキルは社員が自分で勝手に学ぶことができる。だから、Yahoo!アカデミアのときは、スキルの習得に関しては驚くほど何もせず、完全にリー

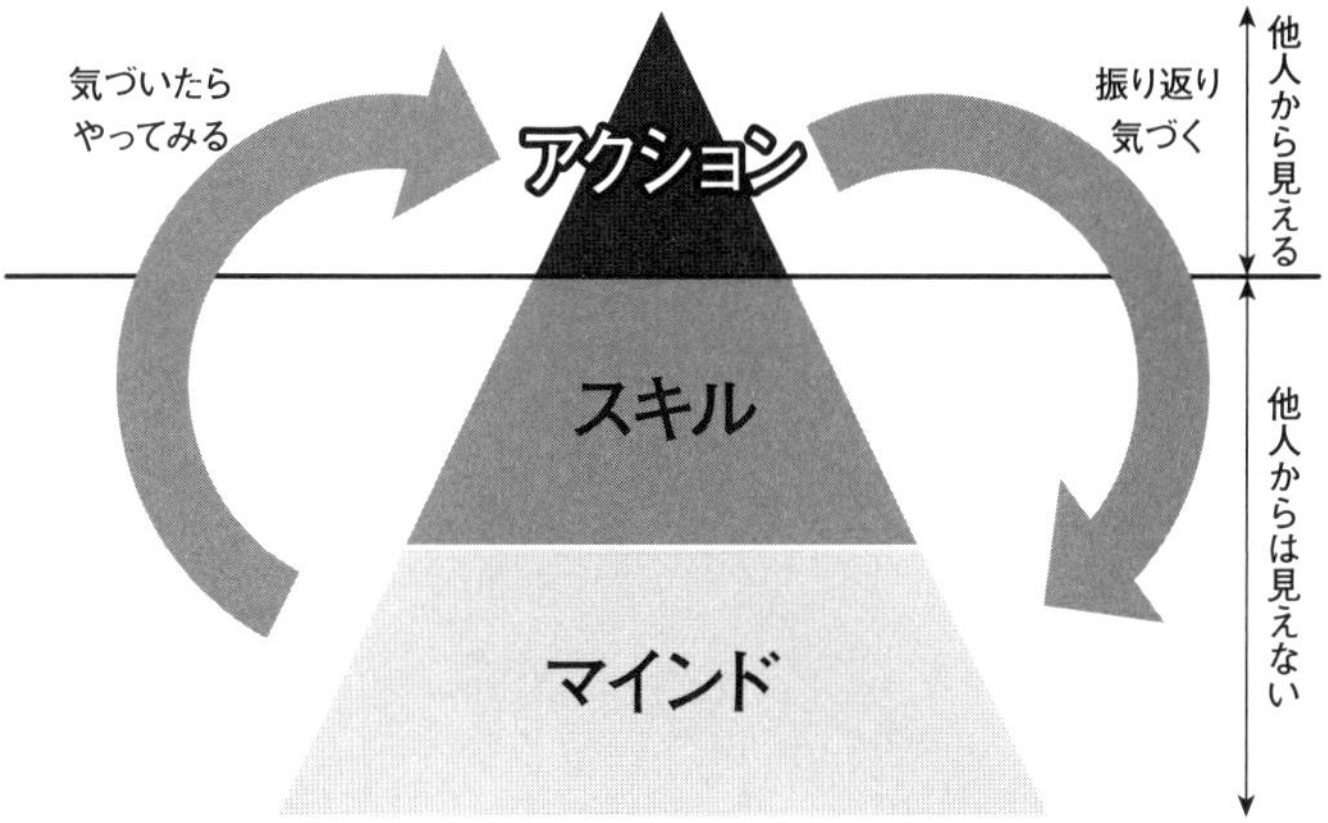

ダーとしてのマインドの醸成に重きを置いていました。

コーポレートユニバーシティに限らず、人の仕事力がどのように成長していくのかを表すとき、私はいつも上の図を書いて説明します。人の仕事力とは氷山のようなもので、アクションは水面より上に見えているわけですね。水面下にスキルとマインドがあるから、氷山は存在できています。スキルは普段の業務を通じて学んでいけばいいし、自分に必要なスキルが何かは大体わかるから、勝手に勉強しなさいと。そしてマインドを鍛えたらアクションをし、アクションをしたらマインドをどうやって鍛えていくかというサイクルを生み出す必要があると思っています。このように考えてみると、本部長という、ある意味

でサラリーマンのトップである役職者が、経営人材になっていくときに一番変わらなければいけないのは、マインドの部分だと思います。このマインドをとにかくしっかり鍛えていくことにYahoo!アカデミアは注力していました。

ただ、スキルとは違って、マインドは教えられません。私は本人と対話を続けるしかないと考えて、ただひたすら対話をしていました。1年間で何回か合宿へ行きましたが、そこでは「対話して、質疑応答をして、振り返って、気づいて」を繰り返し、現場に戻ってから得た新たな気づきをテーマに、もう一度対話をする。この繰り返しをひたすらやっていました。

人は頭の中で考えて、参考書を見たりノー

トを取ったりしても、あまり成長しないと思います。自分で口に出してみて、「ちょっと違和感があるな」と言いながら、フィードバックされる。その連続で人は気づいて、目の色が変わって成長していくことを、ヤフーではすごく実感しましたし、今、武蔵野大学のアントレプレナーシップ学部の学部長をやっていても同じように感じています。「自分にはこのスキルが必要だから、これを学ぼう」というのは、後からついてくるものです。

リーダー候補に求められる素養とは

柴田　今おっしゃったマインドの部分は私もすごく共感します。たとえば、リーダーシップやフォロワーシップ、あるいはピープルスキルといった、ビジネスパーソンとしてのマインドについて、いくつか分解して議論することがあると思っています。伊藤さんは対話の前提として、経営者としてのマインド、特に執行役以上であれば最低限持っておいてほしい視座やパースペクティブ、アンテナの高さ、思考の深さなどについて、どのようなイメージを描いているのでしょうか。

伊藤　経営職階のイメージは、野田智義さんが『リーダーシップの旅』という本の中で語っているのと同じようなことをずっと描いていました。最終的なニーズはソサエティのリーダーになることだが、それは一人ではできないから、リード・ザ・ピープルのリーダーを目指す。リード・ザ・ピープルのリーダーになれるのは、自分自身をリードしているリード・ザ・セルフの人です。柴田さんが挙げたような主体性を持って、リード・ザ・セルフで自分自身が熱狂してやりたいことをしている。経営職階でもミドルマネジメントでも「自分自身をリードし、自分自身が熱狂して、これをやっているんだ」という感覚の必要性は変わらないように感じます。ただ、本部長ぐらいまでは責任をパーツで捉えて、「いやいや、自分の管掌はここだから」という理屈は成り立つけれど、執行役員ともなると「会社全体として責任を持つんだ」という感覚、一段階高いリード・ザ・セルフの感覚が求められるのです。

柴田　よくわかります。確かに若手・中堅ですと、「リード・ザ・セルフ」「リード・ザ・ピープル」は変わらない部分もありつつ、一方では自分の上司や先輩といった上の人がいて、何かあれば相談し、ときには失敗をかばってくれることもあるでしょう。ところが、執行役員クラスになってくると、自分の管掌の部門においては部下の失敗であっても最終的には自分の責任になるわけですから、それも含めてリーダーシップなのだと思います。さらに社長になると、誰かが不祥事を起こすと全部自分が責任を負うことになりますから、結果に対するカバレッジは変わると思います。執行役員になってから「リード・ザ・セルフ」を学び始めたのでは遅いので、やはり若いうちから対話をしながら導いてくれるような仕組みが必要になってくるとお考えでしょうが、それはコーポレートユニバーシティの講座とOJTの両方でやっていくようなイメージでしょうか。

伊藤　ヤフーはもともと1on1ミーティングを普通に行う企業文化でしたので、現場では、参加者の上長に当たる人に報告して「あとは、こんな感じでやってください」「そこに関しては自分たちでやってください」という感じでした。「ハレとケ」で言うと、ハレの日は2泊3日の合宿で一緒になって気づくための箱をつくってファシリテーションをしていました。そこでは、ひたすら自分の過去を振り返ってから、4人で80分会話をして、その後また「今、改めて自分の想いってどうなの?」と過去と対話。さらにまた、4人で80分の対話をして気づくのです。

トップリーダー育成を目的としたヤフー時代は「想い」を重視して面接で選抜

柴田　すごく心に染みるお話です。これをスーッと受けとめられる「打てば響く」受講生もいるでしょうが、一方で、大企業では往々にして自分を出さずに空気を読んで上司が欲していることを言って昇進していく人もいる。つまり、自分軸はないものの、相手に合わせまくってきた人や、やたらと理屈だけは立つけれども軸を持っていない人もいるわけですよね。そうすると、「そんなことを言われても、やったことない」といった拒絶反応を示されることはありませんか。

伊藤　これはすごく議論をしました。そもそも「どういう人材をYahoo!アカデミアに選抜するか」というところが肝だったと思います。アカデミアに入ってきたときは、玉石混淆なのですが、1年間対話をし続けたら、本人は絶対に気づいていく。中には気づいた結果、「私が働きたいのはヤフーじゃありませんでした」と言って辞めていく人もいたのですが、1年2年とやっていくと、Yahoo!アカデミアとはこういうものだとわかって

くるわけですね。

選抜するときに、上司の推薦を重視するか、自分の想いをベースに自らアプライしてきた者を重視するかですが、仕事ができる人は上司が推薦するので、「上司に言われたから来ました」みたいな社員もいるわけです。そういう人を変えようと思えば変えられるでしょうが、それは時間の無駄だと思っています。現実には、魂だけで結果が伴っていない人もいるのですが、でも「どうしたいんだ？」と尋ねると、「こうしたいです！」という想いを持っている人を、全員面接して決めていきました。各30人の3クラスですから、1年に90人を選んでいくわけですよ。

柴田　すごい人数ですね。

伊藤　しかも3倍の競争率なので、全体では300人ぐらい面接するわけです。ときには失敗もしますが、1対1で話をすれば15分でわかるものですよ。そこはすごく大事にして、いくら仕事ができてもバサッと切る。本人が悔しいと思うのであれば、「入りたいなら、来年また来なよ」と言います。

もちろん魂だけで決めるのはいろいろ問題があるかもしれないのですが、やっぱり「やりたい」とか「成長したい」とか「自分を変えたい」というマインドが私は大事だと思っています。そういう人たちが集まってきて仲間と切磋琢磨しているうちに、どんどん成長していく。他の社員もその姿を見て、アカデミアに入ろうが入るまいが、そういうものが大事なのだなと気づく。そうするとアカデミアには絶対に興味がなさそうな社員が、「いや、みんなが変わっていくので、自分も行かなければと思いました」と言ってくるようになるものです。ひねてやっていても、しょうがない。「ちゃんと対話しろよ」と言ったら、「入る以上は対話しますよ」といった感じで、じわじわ変わっていく。だから年々クオリティが上がっていきました。それはやはり入り口を重視したからです。

本当は社員全員を育てたいのですよ。だけど、Yahoo!アカデミアは全体の底上げをするのではなくトップリーダーを育てる場所なので、そこはバサッと切っていく。「ひねている社員に未来はない。そういう社員に時間をかけている余裕はない」と自分に言い聞かせて、とにかくピュアに魂を解放するようなことをしました。暑苦しいと思われるかもしれませんが、そのような場所をつくることに集中しています。

「最も大事なことはマインドだ」と言い続けたい

柴田　今、若い世代は、タイムパフォーマンス（タイパ）を重視、あるいは何でもお手軽にこなそうとしている傾向が見受けられます。学びの講座も、短い時間で1つの講座で1つのテーマを学べるような、わかりやすいものが受けていると思います。一方で、1年間かけて対話していくというのは重厚長大で、ズシンとくる学びだと思いますが、きちんと伝えていけば、若い人にも響くものでしょうか。

伊藤　確かに動画サイトでは「短く、簡単に」学べるコンテンツが主流になっていますよね。そのようなコンテンツだけになるのは問題ですが、若い人がタイパを意識するのは仕方がないとも思っています。私が執筆した『1分で話せ』（SBクリエイティブ）という本も「手軽にコミュニケーション力を身につける」ことを目指しており、それ自体はアリです。一方で、本当の学びは難解で、「時間をかけて学んでもよくわからなくてストレスが溜まって、結局答えはない」といったチャレンジから学べる部分もありますよね。だから、私は両方が必要だと思っています。学ぶ習慣がない人がいきなり哲学の本を読んでみんなと議論しようとしても無理なので、まずは手軽な教材で学びながら、それだけでは真の学びにならないので「人はなぜ生きるのか」みたいな難解な議論をしていく。その答えはないのですが、夜を徹してみんなで議論するような学びも大切だと思います。

柴田　私もそう思います。以前、民事再生の手続きをした会社で、再建計画の実行を経験したことがあるのですが、そのときに強く感じたのは、結果を出すためにはまず人々のマインドを変えることが必要だということです。マインドが変わることによって行動が変わり、行動が変わることによって数字が初めてついてくる。マインドを変えなかったら、いくらコストダウンとか収益性の向上など数字の話をしても、誰もついてこない。「朝9時から夕方5時までは一生懸命に働くけれど、それ以上は働かないよ」という人々で構成されているチームだと、何も変わらないと思います。ですので、いかにハートに火をつけるか、あるいはマインドを変えるかというところがすべての原点で、自分の命を削ってでも分け与えるような感覚がなければできないなと強く思ったものです。

伊藤　これまでビジネスで結果を出している方は全員、「一番大事なのはマインドです」と口をそろえておっしゃいます。しかし、それを手っ取り早く手に入れることは無理なわけです。「簡単に」というものを取り入れることは取っかかりとしてはいいのですが、対話を繰り返していくうちに、本人がハッと気づいて、マインドに火がついていくというプロセスを私はもっと解明していきたいし、「最も大事なことはマインドだよね」と言い続けたいと思います。

社長が一番学んでいなくてはならない

柴田　もう一つ、多くの方が関心を寄せているテーマとして、テクノロジーと経営の関わりの変化があると思います。人々の日常生活にスマホが溶け込み、それなしでは生活が成り立たなくなったのと同じように、事業運営の境界線がどんどんなくなってきている中では、経営者こそAI（人工知能）などのテクノロジーを率先的に試行錯誤で学んで、食わず嫌いをなくす必要があります。「自分は文系だから、AIは学ばなくてもいい」ではなく、テクノロジーそのものに慣れ親しんで、その上で自分なりに仕事に活かしていく向上心が必要だと思うのですが、伊藤さんはどのように思いますか。

伊藤　まったく、そのとおりです。私が世の中の経営者に声を大にして訴えたいのは、DX（デジタルトランスフォーメーション）のポイントはデジタル化そのものではなく、トランスフォーメーション（変革）だということです。つまり、トランスフォーメーションがあってのDXであり、デジタルとアナログを行ったり来たりしながら、新しい戦略を生み出していかなければならない。「DXはIT部門の仕事」とIT部門に丸投げする経営者がいますが、詳しいとか詳しくないとかではなく、トランスフォーメーションするかしないかなのです。

その実感が湧かないのなら、自分たちの現在の事業がこのまま未来も続くのかと問うてみてほしいですね。今年や来年という短期の話ではなく、5年10年後の経営を考えた

ときに、「今のまま変わらなくても会社を維持できるのか」という危機意識から始まって、常にトランスフォーメーションしていくべきなのです。

たとえば、これまではマス（大衆）に向けて出していた製品・サービスも、今後はデータやAIを駆使して、ターゲットをいくつもの細かいセグメントに分けて、それぞれに対応して提供しなければ、勝ち抜いていけない環境になっていきます。それがテクノロジーの力で間違いなく加速する以上、DXを進めないという選択肢はあり得ない。私が言ったことに対して、少しでも「いや、違うよ」と思っている経営者は、経営者失格だと思います。

柴田　そうすると、先ほどの対話の話に戻るのですが、テクノロジーについては若い方から対話を呼びかけて、上に火をつけていく。中間管理職、上級管理職、部長、本部長、執行役あたりまでは、まだ上の役職があるから向上心もあって、対話によって火をつけていくことができるかもしれません。ところが経営者になると、ある意味で上がりのポジションだと思っている方もいて、対話をしても響かない。そのような経営者は、もしかしたら世代交代を受け入れるしかないのかもしれませんね。

伊藤　「退場」だと思います。私は経営者から新入社員まで、いろいろな階層の人たちと話をする機会がありますが、真面目に経営している会社の社長さんは、驚くほど問題意識を持っていますよ。

柴田　学んでいらっしゃる方が非常に多いですね。

伊藤　はい、それが本当にあるべき姿で、社長が一番学んでいるべきだと思います。そうでない会社は、社員が不幸ですよね。現在は働きやすさを追求して残業がないなどホワイトな企業が好まれる感覚はあるのですが、若手に聞いてみると、半分ぐらいは「もっと学びたい」とか「もっとガンガン仕事をやりたい」と思っています。その感覚を感じ取って、社員と一緒に学ぶ感覚を経営者や幹部が持っていないと、若手の人たちが可哀想ですよ。学んでいる若手に対して「頑張っているね。でも、俺はもっとやっているよ」と胸を張れて、「え？　社長の歳になっても、そんなに学ばなければいけないんですか？」「当たり前じゃないか。世の中はどんどん変わっているんだから」といった対話ができる経営者や幹部であってほしいと思います。

LINEヤフーアカデミアに蓄積された想いがシェアードバリューを形成する

柴田　伊藤さんが運営してこられたコーポレートユニバーシティが第3フェーズに入って約半年が経過しました。最後に、次の目標やゴールについてお聞かせください。

伊藤　もう一度、第1フェーズ（Yahoo!アカデミア）のような感じにしたいです。その

先にあるのは、「いざ、鎌倉」ならぬ、「いざ、LINEヤフーアカデミア」という感覚です。ここにみんなが参加して、みんなが何かを置いていく企業のシェアードバリュー（企業の風土や価値）のようなものを蓄積していく。LINEヤフーのビジョンやミッション、中期計画は、トップが考える部分が大きい一方で、シェアードバリューやパーパス（企業の存在意義）は別に経営陣が決める話ではないと思っています。いろいろな人がLINEヤフーアカデミアに集って考えた、LINEヤフーに対する想いを全部蓄積していって、LINEヤフーのシェアードバリューになっていく。LINEヤフーアカデミアがそのような場所になっていくといいなと思います。

たとえば、GE（ゼネラル・エレクトリッ

ク）のクロトンビルは、「クロトンビル」と言っただけで、そういう感覚になっているのではないでしょうか。同じように「LINEヤフーアカデミアへ行くんだ！」といった感覚で集い、蓄積されていくものをつくっていきたいですね。

柴田　そうすると、そこに現在の世代の経営陣、その前の世代の人たち、さらにその前の世代の人たちと、いろいろな人たちが来て秘伝のタレのようなものを残していって、そのインテグレーションがシェアードバリューになって熟成していくような感じでしょうか。

伊藤　完全におっしゃるとおりです。

柴田　本日は情熱のこもったお話をありがとうございました。

対談を終えて

私は伊藤羊一氏との対談から、リーダーシップと人材育成に関する重要な洞察を得ました。特に、企業の形態がソフトバンクの子会社から韓国のインターネットの巨人であるＬＩＮＥとのコラボレーションへ進化し、資本関係が強化される中で、歴史的に異なるフェーズを経ながらも、「未来の事業を牽引していくリーダーを育成する」というぶれない目的の下、ガバナンス形態やミッションが進化し、コーポレートユニバーシティの役割も深い意味で進化したことが語られました。

伊藤氏がＬＩＮＥヤフーアカデミアの運営を通じて示したのは、リーダー育成における対話の力と、個々のマインドセットを変革することの重要性です。企業の成長段階や事業戦略に応じて変わるリーダー像に対する理解を深めることで、リーダー候補に求められるマインドセットの重要性と、自分軸を発見させるリーダーシップ教育の必要性を確認しました。

伊藤氏はリーダー育成プログラムの選抜プロセスで、単にスキルや業績ではなく、個人の「想い」や変革への意欲を重視することの重要性を強調しました。

このアプローチから、私は組織内で働く人の心に火をつけるためには、人間的でマインドセットに焦点を当てた教育がいかに重要であるかを理解しました。

伊藤氏によると、ＬＩＮＥヤフーアカデミアは、歴史的に異なるフェーズを経ながら、資本関係やガバナンスの進化とともに、コーポレートユニバーシティの役割がどのように進化してきたかの深い事例を提供しています。これにより、私はコーポレートユニバーシティを成功に導くためには、学長としての果たすべき役割がいかに重要であるかを深く理解しました。

この対談はリーダーシップと人材育成における対話の価値を再認識させるとともに、組織としての成長と進化を支えるために、個々人の内面的成長を促すことの重要性を教えてくれる貴重な体験となりました。

FREE
FLAT
FUN

株式会社北國フィナンシャルホールディングス
代表取締役社長
株式会社北國銀行 頭取

杖村修司

Tsuemura Shuji

1985年、北國銀行入行。香港支店開設、「店舗統廃合」「システム戦略再構築」等の全社プロジェクトを推進。2008年、執行役員総合企画部長兼システム部長。2009年、取締役兼執行役員総合企画部長兼総合事務部長。2010年、常務取締役兼執行役員総合企画部長。2013年、専務取締役 生産性向上プロジェクト等を担当。2014年、代表取締役専務 全社的DX推進等を担当。2020年、代表取締役頭取。2021年、北國フィナンシャルホールディングス設立と同時に代表取締役社長就任。

対談③

社員の意識を変えるには、まず経営陣が変わらなければならない

ひたすら「量」を追求すればよかった規制業種からの脱却

柴田　現在、「経営戦略と人的資本経営」というキーワードがかなりクローズアップされていますが、御社グループは杖村さんの陣頭指揮の下、10年以上前から積極的に取り組まれていたと認識しております。まず、そのような取り組みを始められた背景について、お聞かせください。

杖村　我々は現在、金融持株会社として傘下にさまざまな事業会社を持っていますが、核となる銀行はもともと規制業種でした。規制業種の特徴を一言で言うと、「お客様の質よりも量を増やしていけば儲かる」。とにかく気合と根性で一生懸命新規のお客様を獲得すれば、未来は拓けるという業種だったわけです。

では、そのような業界でどんな人材育成が必要だったかというと、まさに軍隊的で、上司の言ったことには必ず従ってすぐ動く、あるいはなるべく忖度《そんたく》をしていくという、まさに高度経済成長の中で育まれた教育どおりの人材がいれば非常にうまく回る業種であったことは間違いないと思います。

ところが、1990年代後半から、いわゆる「金融ビッグバン」と呼ばれる業界の規制緩和が始まり、発想を根本的に変えなければならなくなりました。それまでは残念ながら「お客様」という意識が希薄だったのですが、本当の意味でお客様のニーズに応えるための組織に変えていく必要が出てきたのです。つまり、知識をどんどん吸収してうまくアウトプットすれば十分だった業種から、「自分の頭で考える」業種に転換したわけです。「人を育てなければ、ここから先の未来には行けない」というのが、我々が人材育成に力を入れなければならないと思ったポイントです。

これまで銀行業界には、銀行協会などが実施する研修制度や教育体系があり、多くの行員が金太郎飴のようなカリキュラムで育てられてきた中で、「これからは本当の意味でマネジメントができる人材、いわゆる経営者予備軍を育てていく」という決断をしたことは大きな転換点だと思っています。

ただ、我々は当時、現在のように経営に体力があったわけではなかったので、まずは自分たちでやってみようということで、内製化による人材育成を試みたのですが、残念ながら人材の同質性がより強まるだけでした。結局、教える人間が自分のコピーを量産するだけだったり、いろいろな流派に分かれてしまったりしたのです。そこでＡｏｂａ－ＢＢＴ（当時の社名はビジネス・ブレークスルー）に協力をお願いした次第です。

柴田　今のお話は、大変すばらしい先見性を持った経営判断だと思います。地方銀行は規模の大小を問わず、同じような環境の下で経営をしてきて、同じような課題に直面していると思うのですが、御社のような意思決定に踏み込むことができない地銀が実は圧倒的に多いと思います。なぜ北國銀行はそのような決断をすることができたのでしょうか。

杖村　社員を変えるためには、やはり経営陣が変わらなければいけないと思ったからです。我々の経営方法としては、当時は規制業種だったので、メガバンクや大手地銀が何をやっているのかに関する情報を集めて、意思決定をしていました。それは別に悪いことではないのですが、いろいろ情報を集めて、そこから自分たちで考えるのではなく、それらを継ぎ接《は》ぎして簡単にカスタマイズするような戦略の立て方だったわけです。そこで、まず経営陣が意識を変えて、他行情報を集めるのをやめて、とにかく自分たちで事実を集めて分析し、仮説を立てるようにしました。我々は「科学的思考法」と呼んでいますが、それを普通にやらなければ、いくら部下に「育て」と言っても育たないだろうと思いました。経営陣の意思決定方法をまず変えていこうとしたのが、一番大切なポイントだったと思います。

柴田　なるほど。

杖村　伝統的な銀行の預貸業務は儲かっているように見えて、実はそこだけではほぼ赤字です。高度経済成長時代は貸し手が有利だったのですが、今では貸し手が増えて、わずかな金利が落ちていくだけの薄利多売状態になっています。にもかかわらず、みなが以前と同様に借り手の量を増やそうとしていること自体、お客様のニーズから離れている。ではお客様のニーズは何かと考えると、銀行機能だけではなく、現在、我々が手がけているようなコンサルティング会社や投資会社、助言会社、BPO会社（バックオフィスを束ねていく会社）、ECモール会社が地域では必要ではないかという戦略になります。

そうなると、それまで野球をやっていた人に卓球をやれという話になるので、教育をどんどん実施して人を育てていくしかブレークスルーする方法はないという発想に至ったのです。

柴田　御社はさまざまなリスキリングやリカレント教育に、随分前から取り組んでいらっ

しゃいます。スローガンとして「Quality Company, Good Company」を目指すということで、そういった教育に取り組んでいらっしゃると思うのですが、この目的や取り組みの概要などについて、具体的にお聞かせいただけますか。

杖村　規制業種だったときの経営方針は「地域のため」みたいなものだったのですが、現在はもう少し深掘りして、本当の意味での経営方針やブランド理念をきちんと確立しようということで、「Quality Company, Good Company. ともに、未来へ。」をスローガンにしています。もう量では中国やアメリカに勝てないという中で、国としては「クオリティ国家」を目指し、我々は「クオリティ・リージョン（地域）」を目指そうということです。

このようなスローガンを実行するためには、やはり人材教育しかありません。今まで量を追ってきた人間がクオリティ（質）を目指して、しかもインテグリティ（誠実さ）を大切にするというのは、企業の仕組み自体、企業文化を変えていくということです。

これまで日本企業では「ノルマ達成」が重んじられてきましたが、今後そういうものから脱却して、クオリティを発揮していくための企業の仕組みをつくっていくことは、人が育たなければ絶対に実現できません。そういうことも含めて、やっぱり教育しかないということで試行錯誤をしてきた中で、先ほど申し上げたように、まず内製化で頑張ったのですが、やはり内部だけではブレークスルーすることができず、外部の力を借りようと思ったのです。

人事制度と研修制度は車の両輪でなくてはならない

柴田　現在、教育制度だけではなく、採用からアサインメント（業務の割り当て）、そして報酬制度、昇進・昇格制度、さらにリスキリングやリカレント教育と、非常に体系的に人材育成に取り組まれていると思うのですが、当初から人事制度と研修制度は一体のものとして考えていらっしゃったのでしょうか。

杖村　そうですね。もともと人事制度と教育が一番大事だということはわかっていたのですが、同時に一番ハードルが高いとも思っていたのです。現在の弊社の人事制度は、ジョブ型を採用していますが、日本企業のジョブ型への対応は大体3つに分かれると思います。つまり、「基本は年功序列を続けたいけれど、トレンドだからジョブ型を少し導入してみたい」「ジョブ型への移行を全面的に打ち出すけれど、年功序列を少し残したい」「全面的にジョブ型へ移行する」の3つです。

我々はもともと「ジョブ型を目指そう」と言っていたのですが、これはやはり大仕事なので最後に取り組もうと思いました。いろいろなコスト削減を図ったり、システムやオペレーション、マネジメントのやり方を見直したりして、最後の最後にやっと人事制度に手をつけられそうだと思って始めたのが、今から10年近く前です。同時に、当たり前のことですが、リスキリングやリカレント教育に力を入れないと、何のためのジョブ型への移行かわからないので、この2つはまさに両輪だと思っています。

柴田　私たちAoba－BBTも、御社グループにいくつかのレイヤーでプログラムを提供させていただいております。

一番上位のレイヤーがMBAコースと経営者を育成していくための経営塾。この経営塾は1年間、非常に実践的なケーススタディを他流試合形式で学んでいただく異業種交流の道場みたいなものです。それから、リーダーシップを養成するプログラムは、大きな組織のリーダーシップ養成プログラムだけでなく、チームを率いていくためのチームリーダーシップ。また、英語でのビジネスコミュニケーション能力や論理的思考や問題解決力を身につけるためのプログラムを複数のレイヤーで提供させていただいています。

ここまで幅広い教育プログラムが全レイヤーを対象に提供されているというのは、なかなかできないと思っています。また、参加は自主的ではあるものの、会社でコストを100%負担するのではなく、参加者個人にも一定の負担を求めておられますが、これは色々と議論した上で決断された結果なのでしょうか。

枝村　先ほど申し上げたように、全員が科学的思考を取り入れないと組織は変わらないので、コストをかける価値があるものだと私は思っています。また、議論の中で全額会社負担でもいいじゃないかという意見もあったのですが、同時に給料も上げているのです。あまりメディアに出していないことですが、金融業界ではほぼトップレベルの初任給です。自分に投資できるお金は十分にあるはずなので、最初から一部負担をしてもらうというのは、結果的にはよかったと思っています。

柴田　それを続けてこられて、今、人材への投資に対する手応えは、どのように感じておられますか。

枝村　手応えはものすごくあります。私は以前とはまったく違う組織、違う企業文化になったと思っています。もちろん、まだ道半ばという意味ではこれからが楽しみですね。今、ホールディングスには取締役が3人いるのですが、私も含めて逆に下から追い上げられているような感があるので、我々も頑張ってリスキリングに取り組んでレベルを上げていかないといけないと思っています。みんながいい意味で意見を戦わせることになっているので、そういう意味では、お互いにいい刺激になっていると思います。

「失敗するのが当たり前」という企業文化に変える

柴田　新卒採用者の人数と3年定着率の推移のデータを拝見したのですが、新卒で採用された方々の定着率やロイヤリティが上がってきていると思います。このあたりも、採用と育成、それからＯＪＴとＯｆｆ－ＪＴの組み合わせなど、工夫していらっしゃるのでしょうか。

杖村　以前とやり方を随分変えました。特に人事にありがちの、「一度決めたらこれをやらなければいけない」というやり方ではなく、「今回やってみて、ダメだったら、すぐに変えよう」というかたちに変えました。別にキャリア採用がいいとか、新卒がダメという話ではなく、本当に人材本位で進めていますので、やり方も含めてどんどん修正しています。

柴田　素早く行動して、ＰＤＣＡを素早く回すということですね。

杖村　そうです。ですから、「辞めていく社員がいても、後追いはするな」と言っています。会社の雰囲気が悪いとか、会社が嫌いになって辞めたのであれば、もちろん反省しなければいけませんが、ほとんどの場合、そのようなパターンではありません。社員が他所でトライしてみたいということであれば、あまり後追いはしません。外に出た人たちがいろいろなネットワークをつくって、我々に対してもいろいろな提案をしてくれるでしょうし、移った会社が嫌になればまた戻ってきてもらって構わないので、それでいいのではと思います。

柴田　手応えを感じていらっしゃるからこその、オブザベーションということですね。

杖村　はい。ですから、我々のシステム部門の人材は、他の会社からも引っ張りだこです。システム開発は今アジャイルが主流で、新しいパブリッククラウドの技術者が足りないので、引き抜きのオファーがかなり来ているようです。デジタルバリューという当社のシステム子会社は年俸制なのですが、社長が毎年年俸交渉の話をするときに、社員から「ネットで見たら、相場はこんな感じですよ」と言われて、苦労しているみたいです。そういう話も含めて、辞めていく人はどうしても出てくると思いますが、それもやむを得ないかなと思っています。

柴田　御社は、地銀の中で最も早く基幹系のシステムを、いわゆるビッグベンダーの独占的なインフラからオープンクラウドに切り替えて、かつウィンドウズやオープンソースのＯＳに切り替えて、基幹システムをおつくりになった第1号ですよね。その後、メガバンクの基幹システムのＳＩ（システムインテグレーション）がなかなかうまくいかないとか、あるいは逆に旧メインフレームのベンダー同士の縄張り争いによってまたトラブルが起き始めたりしたというのは記憶に新しいですが、そういう決断を恐らく他行がやっていない段階から、自分の頭で考えて決断するということができていたからこそ、現在の姿があるということでしょうか。

杖村　そうですね。でも、それも教育のおかげですよ。誤解を恐れずに言えば、メガバンクも含めて、多くの金融機関は大手システムベンダーのトークに乗せられているところがあります。ですから、みんながいろいろなところから情報を集めて、自分たちで分析して、仮説を立て、戦略を立てていくと、ああいう結果になるということです。「他行がみんなやっているし、ベンダーの営業はこう言っているから、これしかないよね」ということに対し、疑問を持てるようになったのは、本当に教育のおかげだと思います。

リカレント教育やリスキリングで科学的思考法を身につけるには、当たり前のことですが、仮説を立てて、ＰｏＣ（概念実証）をつくったりします。いろいろなことを回していく中で、必ず失敗が出てくる。ということは、「失敗が前提」という心理的安全性がある組織文化になっていなければいけないし、そういう業績評価の仕組みになっていなければならないし、人事的な仕組みもそうでなくてはなりません。柴田さんのおっしゃるとおり、失敗のマネジメントは、小さな案件は各自に自由にやらせてどんどん失敗してもらえばいいし、大きなリスクになる可能性のある案件は上に報告してもらって、上のほうでときによっては大きな判断をしなければならないようにするという仕組みをつくらないといけないと思います。

「構想力」を持つ次世代人材がカギを握る

柴田　本書のテーマの一つが、将来の経営チームの構築です。サクセッションプランと連動するようなかたちでの次世代経営陣候補の育成、あるいは選抜・育成を重要視されていると思います。

このあたり私たちも、MBAプログラムや経営塾プログラムへの派遣などで、御社を一部お手伝いさせていただいているのですが、全体的にはどのようにお考えになっていらっしゃるのですか。

杖村　まず、経営人材もそうなのですが、我々の中である程度、リーダー層とはどのような人材かを決めています。最初に来るのは、やはりインテグリティ(誠実さ）です。それがないと、会社はおかしくなってしまうので、インテグリティが一番大切です。

その次にやるのは、リカレントやリスキリングのマインドです。肩書が上がったからといって、学びをそこでやめてもらっては困るので、ものすごく重要視しています。次に大切なのは、やはり大前研一先生がおっしゃっている「構想力」を持っている人にどんどん上がってもらうことです。

そういったことをみんなで議論しながら、「ここ、大事だよね」と言って、見える化していきます。ですから、我々の経営会議は500人くらいの社員がみんな聞いています。経営会議をライブ配信しているのですが、その中でいろいろな人がプレゼンテーションをしたり意見を言ったりすると、「あいつ、できるな」ということがわかってきます。あとはAoba－BBTの経営塾など、いろんなところでフィードバックもいただいているので、執行役を選ぶときなどは、社外の方を入れた会議の中で、プロセスもお見せして、議論しながら選んでいくというスタイルをとっています。

柴田　経営陣の重要な仕事の一つが、次の世代、その世代にバトンタッチしていくことだと思います。企業が続いていくためには、次の世代、その次の世代、またその次の世代と、母集団があるからこそ、再現可能性のあるかたちで次の世代にバトンタッチできるのではないかと思っているのですが、そういう意味では杖村さんご自身も常日頃から、5年後の

経営陣だけではなく、10年後15年後の経営陣候補者の方々ともコミュニケーションされていらっしゃるのでしょうか。

杖村　もちろんです。本当に若いメンバーとコミュニケーションをしています。フェイス・トゥ・フェイスでやるときもありますが、オンライン上でも結構やっています。当社の場合、仕事はすべてプロジェクトベースで行われているため、オンライン会議システムのチャネルの中で一つのプロジェクトが完結しています。メタバース的に色々な人が入ってきて、色々な資料をぶつけて、色々なことを話し合って進めているので、その中に私自身が入ったりしていますよ。おもしろいですよ。

柴田　御社のもう一つの大きな特徴として、社員が50代になったら融資先や取引先に経営人材として派遣することも行っていらっしゃいますよね。地方銀行だから地元の経済が拡大していくことが、金融ニーズやバンキングニーズに当然結びつきます。そうすると、地場産業や新しいスタートアップがそこから生み落とされて成長していくことを、「顧客ベースでものを耕していく」というお考えで行っていらっしゃるのだと思います。そうなると、より一層、金融オタクではなくて、いろいろな業種で経営できる人材を育成しないといけなくなると思いますが、これもかなり目線の高い目標設定なのではないかなと思います。

杖村　最近は弊社の人材がＡｏｂａ－ＢＢＴ

のカリキュラムを受けていることが結構知れわたってきているので、他社からの引き合いがすごくあります。我々にとってはありがたいことで、まさに今柴田さんがおっしゃったことを狙っています。送り出した人間は60歳までは基本的に我々から出向扱いで派遣しようと思っているので、そういった企業とコラボレーションしながら、必要があれば我々からも人材を、コンサルティングでも何でも投入していこうという戦略です。

柴田　今年（2024年）のお正月に能登半島地震が地元で発生したわけですが、今後、どのように復興を進めて、新しい地域社会をつくっていくのかが大きなテーマだと思います。これまでのビジネスや経済のあり方に加えて、恐らく復興後の新しい姿というのも描いていく構想力がまさしく必要になると思います。

杖村　おっしゃるとおりです。2011年の東日本大震災、あるいは2016年の熊本地震の前例もあるので、銀行としてやるべきことを最大限にやっていくしかないと思っています。ただ、我々はフィナンシャルホールディングスなので、間違いなく税金は投入されるわけで、より進化した地域になるためにどれくらいお手伝いできるかというのは、本当に構想力が求められています。また同時に、説得しなければならない方もたくさんいらっしゃるので、コミュニケーション力が問われています。

報道だけ見ていると、被災者に寄り添って1日も早く元に戻すことが重要と言われていることが多いのですが、単純に元に戻すのではなく、進化したかたちで戻さないといけません。そこはＡｏｂａ－ＢＢＴの中で大勢の社員が学んでいますから、当社のコンサルティング会社が中心になって、やるべきことを列挙して、今議論を進めています。

柴田　日本はともすればジェンダーギャップに目が行きがちだと思うのですが、いわゆるダイバーシティ（組織の多様性）も、御社は以前から非常に力を入れていらっしゃると思いますし、実際に執行役の人事担当役員の方は女性でいらっしゃいます。そういったダイバーシティの推進はどのようにやっていらっしゃるのですか。

杖村　私がいつも言っているのは、これからの時代は「ダイバーシティ&インクルージョン」「フラット&アジャイル」でやっていかなければならないということです。50～60代の男性経営陣だけで考えていても、お客様は男性しかいないわけではないし、50～60代だけではない。そういう意味では、お客様起点で考えるということがまさにダイバーシティ&インクルージョンだと思っています。そこをきちんと反映させるためには我々が同じような組織の形になっていないとまったく機能しないという話を社内でいつもしています。

ローカルでも発想と行動はグローバルに

柴田　最後の質問ですが、ここまでいろいろと進捗されてこられて、手応えもお感じになっていらっしゃると思うのですが、次のステップと申しますか、将来に向けて次の課題はどのようにお考えになっていらっしゃいますか。

杖村　今年アフリカのケニアにコンサルティング会社を現地法人として設立するのですが、我々に最も欠けているのはグローバルな視点だと思います。これは私が若いころから言ってきたことですが、金沢に本店がある会社が海外に支社を持っていて何が悪いんだと。アマゾンやマイクロソフトだって、本社はニューヨークではなく、シアトルにありますよね。アメリカと日本で事情は異なるにしても、「金沢に本店がある地方銀行だから、グローバルでなくていい」という考え方はあり得ません。やはり常に多くの社員がグローバル視点で物事を考えられることが非常に大事です。私自身、ニューヨークと香港に合計5年くらいいて、考え方が随分変わりました。

もちろん、ただ海外に進出すればいいというものではありませんが、「常にグローバル視点で、グローバルな人たちと関わる」という意識は、地方銀行という括りの中ではともかく、他の業種の企業と比べてもまだまだ欠けているので、これから一番力を入れていかなくてはいけないと思います。そのような視点についてはここ3～4年でだいぶよくなり、今回のケニア進出については社外取締役のみなさんからも「そもそも駐在員に立候補する人がいないのでは？」と言われたのですが、実際は結構いました。本当にすばらしいと思っています。これからもっともっと、東京経由ではなく、ローカルから世界と直接つながっていくグローバル人材を育てていきたいと思っています。

柴田　本日は貴重なお話をありがとうございました。御社およびグループのますますのご発展を期待しております。

対談を終えて

杖村氏のリーダーシップの下、北國フィナンシャルホールディングスは、地方銀行としては極めて特殊な経営スタイルを確立してきました。１９９０年代からの先駆的な取り組みを通じて、地元との深い結びつきと独自のレベニューモデルを構築しています。杖村氏は20年近く前から経営戦略と人材育成を表裏一体と捉え、組織の人材育成に試行錯誤を重ね、銀行業界の保守的な慣習に挑戦し続けてきました。

この対談から私は、杖村氏がいかにしてファクトベースでロジカルに物事を考える文化を確立し、構想力や起業家精神、イノベーションを重視する企業文化を醸成したかを学びました。杖村氏のビジョンは、金融サービスの提供にとどまらず、地元経済に対して人材、物資、資金を総合的に提供し、地域の成長と発展を促進することです。地元産業の経営コンサルタントとしての役割も果たしつつ、地元経済に富を生み出すことを目指しています。

北國フィナンシャルホールディングスの取り組みは、地方銀行としてのアイデンティティを保持しつつ、グローバルな視野を持って地域社会に貢献することを目指しています。杖村氏の統合的な経営戦略と人材育成のアプローチは、地域社会における価値ある役割を果たし、業界内で革新的な存在としての地位を築く基盤となりました。

持続可能な成長と地域社会への貢献は、経営陣の先見の明と組織全体の教育を通じて実現可能だということを示す、好事例だと思います。

HOKKOK
FINANCI
HOLDIN

おわりに

「財を遺《のこ》すは下、事業を遺すは中、人を遺すは上なり」（後藤新平）
「企業は人なり」（松下幸之助）

これらの言葉は、日本が長年にわたり人材を重視してきた文化を示しています。日本社会は、歴史を通じて個々人の技能や精神性を尊重し、その価値を認めてきました。しかし、高度経済成長期に入ると、企業の急速な発展と国際競争の激化が、従業員への過度な期待と長時間労働を強いる環境を生み出しました。これにより、人に優しい文化がある一方で、過労死やメンタルヘルス問題という負の側面も生じました。

１９８０年代のバブル経済期にはこれらの問題が顕著になり、バブル崩壊後の１９９０年代から２０００年代にかけて経済停滞が進む中、労働者の負担は増え続けました。この期間に社会問題化した過労死やメンタルヘルスの問題は、日本企業が人材をどのように扱ってきたかを見直すきっかけとなりました。

経済産業省の研究会で座長を務める伊藤邦雄氏は『人材版伊藤レポート２・０』で、現代の日本企業が人材とどう向き合い、その価値を伸ばしてきたかを問いかけています。伊藤氏の指摘は、日本が培ってきた人材重視の精神を時代に合わせて進化させ、持続可能な経営と人材育成のモデルを創造する必要性を強調しています。

２０２４年3月に私たちＡｏｂａ－ＢＢＴが文部科学省から受託した「大学等を活用したリカレント教育ＥＸＰＯ２０２４」は、産業界、高等教育機関、個人がリカレント教育の必要性を共有し、互いに学び合う環境を確認した重要なプロジェクトでした。このイベントから得られた知見は、企業、大学、個人がリスキリングやリカレント教育を通じて共に成長し、社会全体の進歩を促進する好循環をつくり出す必要性を示しています。

冒頭に挙げた言葉に戻ると、次世代を担う人材を育成することが、財や事業を超えた価値を生み出します。この理念は、企業、大学、個人がそれぞれの役割を再考し、共に協力して持続可能な未来を築くための行動を促します。

これまで企業、大学、個人が過去に三すくみ状態にあったことを踏まえ、私たちのような組織が、その状況を改善するためのエージェントとしての役割を果たすことが重要だと考えています。

本書が、政府、企業、個人それぞれにとって、状況を見直すきっかけとなり、持続可能な未来をつくる人や組織の育成に向けた一歩になることを願っています。

謝辞

本書は、「人口減少」と「国際競争力の低下」という現実に対して、日本企業が確実に対峙しなければならない時代を乗り越えるために、伊藤邦雄氏の指摘する課題感を整理し直した上で、「企業内ビジネススクール」が重要な解決策であるとする固い信念の下、その実践方法と心構えについて、多数の専門家と関係者が協力してまとめたものです。

この書籍の制作に関わり、知識、洞察、経験を共有していただいたすべての方々に、心より感謝を申し上げます。特に、対談にご協力いただいたマッキンゼー・アンド・カンパニー日本支社の岩谷直幸代表、国立大学法人宇都宮大学の大嶋淳俊教授、マース ジャパン リミテッドの後藤真一社長、LINEヤフーアカデミアの伊藤羊一学長、北國フィナンシャルホールディングスの杖村修司社長へ、改めて深い敬意を表し、感謝の意を伝えます。みなさまのご指導のおかげで、この書籍プロジェクトを完結することができました。

そしてプレジデント社の出版チームのみなさま（渡邉崇様、田所陽一様、加藤学宏様）、株式会社Ａｏｂａ－ＢＢＴの書籍出版チーム（宇野令一郎さん、高橋香織さん、笠原瑛二さん）、そして人材育成の専門家であり、ソーシャルイノベーションフィジー代表の川上晃史さんにも、心より御礼を申し上げます。みなさまの献身的な支援と専門知識が、本書を出版する基盤となりました。

そして、ビジネス・ブレークスルー大学・大学院の大前研一学長、教職員・関係者のみなさま、株式会社Ａｏｂａ‐ＢＢＴの社員のみなさまへも心より御礼を申し上げたいと存じます。みなさまの教育に対する情熱と尽きることのない開拓者精神が、このプロジェクトを成功へと導く原動力であったことを深く認識しております。

みなさまの持続的な支援が、我々が追求するグローバルリーダー育成の明るい未来を照らしています。この書籍がみなさまと共に新たな未来への第一歩となることを心より願っております。誠にありがとうございました。

２０２４年４月吉日

柴田　巖

著者紹介

柴田 巌（しばた・いわお）

京都大学工学部、同大学院で工学学士・修士を取得。その後、多角的な視野を獲得するために、英国London School of Economicsにて経済学修士、米国Northwestern大学Kellogg Graduate School of ManagementでMBAを取得。京都、ロンドン、シカゴでの生活と学びを通じて、都市、テクノロジー、ビジネス、政治経済地理等の社会科学を横断する独自の視点を磨く。

経営のプロフェッショナルとしては、IT系コンサルティングAndersen Consulting（現アクセンチュア）、経営戦略コンサルティングBooz Allen & Hamilton、大前・アンド・アソシエーツに勤務。1998年5月、日本におけるインターネット時代を見据えてネットスーパーの先駆けである株式会社エブリデイ・ドット・コムを大前研一と共同創業し、代表取締役に就任。その後、民事再生企業の再建（オレンジライフ株式会社）や料理宅配の先駆けとなる株式会社旬工房の経営者として事業を黒字化に導く。

教育界においても、日本の教育に革新をもたらすべく、大前研一が創業した株式会社ビジネス・ブレークスルーの代表取締役社長に2018年就任。同社の大学院教授も歴任。また、2013年からはアオバジャパン・インターナショナルスクールの経営に参画し、日本最大規模の国際バカロレア認定校へ成長。同校以外の複数のインターナショナルスクールの経営に参画し、幼小中高の一貫校を通じて世界標準の教育の国内普及に努める。

草の根レベルの中立的な国際交流を積み上げるために、大使館親善交流協会の理事長を務める。この役職を通じて、各国大使館を対象にした日本語スピーチの機会等を提供し、日本社会や文化の価値を発信し、見つめ直す機会の提供に努めている。

株式会社Aoba-BBTは現在、アオバジャパン・インターナショナルスクールで培った国際教育事業と、若手社会人から経営層に至るまでを対象としたリカレント教育を主軸とする「知のネットワークは人間の能力を無限に伸ばす」というミッションの下、インターナショナルスクール、企業研修、オンライン大学・大学院（MBA）など多様な教育サービスを提供しており、その業績は日々拡大している。著書に『未来をつくる大学経営戦略』（プレジデント社）がある。

未来をつくる人と組織の経営戦略

2024年5月22日　第一刷発行

著者　柴田 巌

発行者　鈴木勝彦

発行所　株式会社プレジデント社
〒102-8641東京都千代田区平河町2-16-1
平河町森タワー13階
https://www.president.co.jp/　https://presidentstore.jp/
電話　編集 (03) 3237-3732
販売 (03) 3237-3731

編集　渡邉 崇　田所陽一

構成　加藤学宏

編集協力　高橋香織

販売　桂木栄一　高橋 徹　川井田美景　森田 巌　末吉秀樹
庄司俊昭　大井重儀

装丁　秦 浩司

制作　関 結香

印刷・製本　萩原印刷株式会社

ISBN978-4-8334-2531-5
Printed in Japan